A BARCA DO SOL Memórias de um certo verão

YURI BEHR

A BARCA DO SOL Memórias de um certo verão

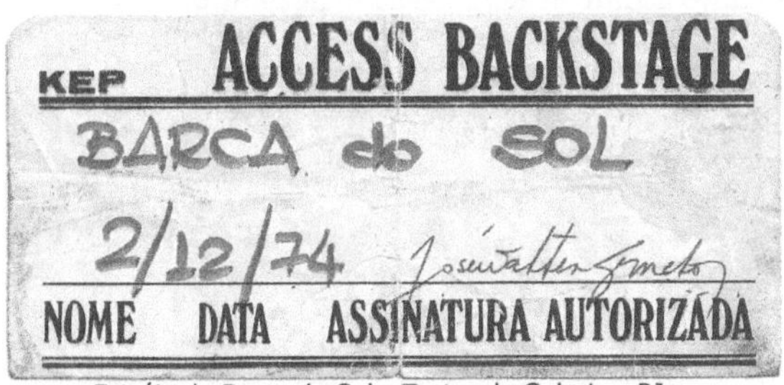

Estréia da Barca do Sol - Teatro da Galeria - RJ

GRYPHUS

Rio de Janeiro
2025

Revisão
Lara Alves

Diagramação
Rejane Megale

Capa
Carmen Torras para www.gabientedeartes.com.br

Foto de capa
Bita Carneiro

Adequado ao novo acordo ortográfico da língua portuguesa

CIP-BRASIL. CATALOGAÇÃO NA PUBLICAÇÃO
SINDICATO NACIONAL DOS EDITORES DE LIVROS, RJ

B365b

Behr, Yuri
A Barca do Sol : memórias de um certo verão / Yuri Behr. - 1. ed. - Rio de Janeiro : Gryphus, 2025.
148 p. : il. ; 21 cm.

ISBN 978-65-86061-76-5

Barca do Sol (Conjunto musical). 2. Música popular - Biografia - Brasil. I. Título.

25-96835.1 CDD: 782.421630981
CDU: 929:78.071.2(81)

GRYPHUS EDITORA
Rua Major Rubens Vaz 456 — Gávea — 22470-070
Rio de Janeiro — RJ — Tel.: (0XX21) 2533-2508 / 2533-0952
www.gryphus.com.br — e-mail: gryphus@gryphus.com.br

Agradeço ao pessoal da Barca e a Olivia Byington, que carinhosamente colaboraram e dividiam suas histórias comigo, a Egberto Gismonti pelo texto emocionado que nos dedicou, e a Geraldinho Carneiro pelo prefácio e pelas letras geniais! Agradeço também a Bita Carneiro pelas fotos, e a todo mundo que, de várias maneiras, colaborou para que este livro se tornasse realidade.

Sumário

Saudades

A Barca do Sol representa uma marca importante em minha vida pessoal. Construído ou formado quase aleatoriamente, o grupo reunia músicos com diferentes formações musicais, mas todos compartilhavam o sentimento e o princípio de que a música representava suas individualidades e liberdade de viver. A qualidade desse sentimento ou princípio é algo que temos perdido – junto com a sociedade, ao longo dos anos a contar dos LPs da Barca ("Durante o verão", "A Barca do Sol" e "Pirata".)

Atualmente, é raro encontrar um grupo ou mesmo pessoas com essa mesma vontade e propósito genuínos. Além disso, a importância da amizade era muito presente na época em que eles inventaram a própria nave, algo que parece ter perdido valor atualmente.

Viva a Barca do Sol, nave espacial que fazia o trajeto Rio de Janeiro-Marte, em voos diários.

A Barca do Sol era mais do que simplesmente um grupo musical, era uma comunidade onde a música era apenas uma parte do todo. O respeito pelas diferenças e a valorização da individualidade eram aspectos fundamentais que permeavam as relações entre os membros, mesmo se necessárias fossem horas de acaloradas discussões.

Infelizmente, com o passar dos anos, esses valores parecem ter sido diluídos na nossa vida atual.

Viva a Barca do Sol, nave especial que conhecia o trajeto entre o desencontro e a admissão do contraditório.

A Barca do Sol deixou uma marca indelével em minha vida, mostrando-me a importância da genuinidade da miscigenação nos relacionamentos e na busca por um propósito comum. Desejo que ainda possamos sentir a regeneração desses valores quase totalmente perdidos para encontrarmos grupos como esse, onde a música e a amizade caminharam juntas em direção à liberdade de expressão e vivência plena.

Viva a Barca do Sol, nave sonhadora, fantasista, utopista, visionária, construída por amigos autênticos, puros e verdadeiros.

Saudades, Egberto Gismonti.
Rio de Janeiro, 15 de abril de 2024

Prefácio

O livro de Yuri Behr funciona, para mim, como uma viagem na máquina do tempo. Era o princípio dos anos 1970. O Brasil vivia os áureos tempos negros da ditadura militar. Eu era um velho escritor de 21 anos de idade. Velhíssimo. De repente, na sala do apartamento em que morávamos, no meio desse tempo de trevas, vimos surgir uma banda chamada A Barca do Sol.

Lá em casa ficamos entusiasmados, minha irmã Elizabeth, meus pais, Dulce e Geraldão, e também eu mesmo. Nossa casa fora frequentada, desde o final dos anos 1950, por estrelas da música popular brasileira, como Silvio Caldas, Jacó do Bandolim e seu quinteto – no qual se destacavam Dino, o rei do violão de sete cordas, e Jonas, do cavaquinho, que às vezes se insurgia contra o chefe e fazia improvisos mais longos do que o previsto. Anos mais tarde também estiveram por lá Cartola, com duas de suas canções recém-compostas, "Autonomia" e "As rosas não falam", e Milton Nascimento, que nos mostrou "Travessia" e "Morro Velho". Depois chegou Egberto Gismonti, que nunca mais saiu de nossas vidas. Enfim, nossa casa era um centro cultural.

Todos tentamos imitar essas figuras admiráveis. Como Yuri relembra, eu mesmo fiz parte de uma banda chamada O Poder Assolador da Lapa, batizada por meu parceiro Danilo Caymmi, e cheguei a escrever e gravar algumas orquestrações, com a ajuda do "Tratado" de Rimsky-Korsakov. No entanto, embora nossa irmã tocasse um piano fabuloso, o único de nós que mergulhou para sempre na música foi nosso irmão Nando, um ano mais novo do que eu.

Nossa cultura musical tinha espaço para gregos e baianos. Jimmi Hendrix, João Gilberto, Billie Holiday, Jethro Tull, Gilberto

Gil, Caetano, Clube da Esquina e, sobretudo, Antonio Carlos Jobim. Foi desse caldo cultural que emergiu a Barca.

O livro do Yuri relata com todos os detalhes como Nando e seus amigos Muri e Marcelo foram parar em Curitiba, e como essa viagem foi fundamental para a formação da banda. Creio que foi depois dessa viagem que Nando e eu escrevemos nossas primeiras parcerias: "Pico a Mula", depois rebatizada de "Brilho da Noite", talvez por interferência da censura, e "Lady Jane". Esta última, como os leitores devem imaginar, inspirada em uma canção de Mick Jagger e Keith Richards, dos Rolling Stones, que por sua vez se inspiraram no romance *O amante de Lady Chatterley*, de D. H. Lawrence. Os dois protagonistas do livro, Lady Chatterley e o guarda-florestal Mellors, trocam cartas de amor em que se referem às suas respectivas genitálias como John Thomas e Lady Jane. A nossa Lady Jane, portanto, é uma releitura tropical de uma aventura amorosa inglesa, em uma época em que nós, nos subúrbios do Ocidente, ainda girávamos ao redor dos Beatles e das minissaias de Mary Quant.

Yuri rememora aqueles tempos de paixão com linguagem simples, sem plumas de retórica que pretendessem dar às palavras qualquer solenidade. E relata em seu livro como o trio inicial d'A Barca se ampliou e ganhou sua primeira formação completa. De volta ao Rio, a banda passou a ensaiar lá em casa e passou a reunir em sua plateia doméstica algumas das tietes mais talentosas do Rio, entre as quais futuras estrelas como a cantora Olivia Byington e a coreógrafa Deborah Colker.

Em suma, A Barca do Sol brilhou, e sua memória continua a brilhar em nossas vidas. Para os egípcios, essa barca levava os mortos para o paraíso. Espero que as lembranças descritas pelo Yuri sirvam para embarcar a leitora e o leitor de volta para sua própria juventude.

Geraldo Carneiro

Duas palavras (ou quase) sobre o trabalho

É, de certa forma, muito estranho lembrar e não estar necessariamente presente. Por mais confusa que possa parecer essa afirmação, ela não é paradoxal. Quando comecei a escrever, eu não tinha a mínima noção disso, tanto que por um certo tempo eu procurava abranger toda a história da Barca. Mas, mesmo que isso fosse documentalmente possível, história implica – entre outras coisas – seletividade e interpretação. E como a maior parte do material base para esse livro é constituída de depoimentos (memória), existe uma seletividade natural e o surgimento de memórias espontâneas que nem sempre correspondem à lógica cronológica ou textual. É nesse sentido que lembrar não é presentificar-se. Existe uma distância muito grande entre ter estado presente e estar presente, e tendo passado meio século é natural que se faça um filtro. Isso, longe de ser um apagamento do passado, constitui uma releitura que traz uma visão crítica dos aspectos mais significativos.

O segundo aspecto importante é que da minha relação de observador resulta um tipo de protoetnografia. Porém, a partir de um certo ponto eu não sou mais observador, mas personagem; afinal observadores não entram na história, e a história d'A Barca do Sol não termina, ela existe até hoje. Assim, ao longo dessas páginas, história se mistura com análise, com etnografia, com um pouco de musicologia; mas, acima de tudo, muita admiração e carinho por tudo o que é A Barca do Sol.

**Este livro é dedicado a todo mundo
que viveu um verão sem fim.**

Antes do verão

Contar a história da Barca do Sol é mais do que simplesmente falar de um grupo musical, é uma história de amizade, da trajetória de sete pessoas ao fio dos anos em seus desafios, suas ideias. Das decisões coletivas, como grupo, mas que mantinha a identidade de cada um deles.

O ano de 1973 tem algo de estranho, de curioso. Não é um ano jubilar redondo, daqueles que terminam em zero ou em cinco, desses que se costuma comemorar não importa o porquê. A copa do mundo tinha sido havia três anos, no México, quando espetacularmente o Brasil tornou-se tricampeão. No Rio de Janeiro a Mangueira foi campeã do carnaval, e a ponte Rio-Niterói ainda estava em construção. Talvez essas últimas informações sejam importantes naquela época para quem era verde e rosa ou para quem ia e voltava com frequência de Niterói. Mas em termos de música havia uma efervescência incrível! O Led Zeppelin gravou *The House of the Hollies*, o Pink Floyd lançou o legendário *The dark side of the moon*, e Elton John lançaria ainda neste ano *Goodbye Yellow Brick Road*. Não é pouca coisa para um único ano, e estamos falando apenas do *mainstream*. A galera mais descolada ouvia muito rock progressivo, desde os mais conhecidos, como Yes, ELP (Emerson, Lake and Palmer) e Genesis, até os menos conhecidos e mais comentados pelos caras que realmente curtiam algo mais elaborado. Grupos como Gentle Giant, The Van der Graaf Generator, Jethro Tull, entre outros tantos rodavam nas vitrolas dos jovens daquela época. Mas não era só isso, havia muita música no Brasil. Muita, diversificada, boa. Milton Nascimento e o Clube da Esquina, o Som Imaginário, O Terço, Os Mutantes... Estava tudo ao alcance de uma agulha de toca-disco, talvez um pouco mais longe, até a loja de discos Modern Sound, em Copacabana. Ao lado da Modern Sound havia uma loja chamada Indian House, esta, sim, vendia batas indianas, e bem próximo outra loja chamada O Lixo, que vendia calças Lee boca de sino e casacos de "Exército americano", que, segundo uma lenda urbana, estiveram no Vietnam. Acho muito pouco provável isso. Mas, se você morasse no Rio de Janeiro, ou em São Paulo, poderia ir nessa loja e conferir você mesmo, até mesmo ouvir muito do que acontecia na música popular brasileira a distância de um ônibus.

Mas, além disso tudo, havia mágica acontecendo em lugares muito delimitados. O Clube da Esquina começa com um grupo de rapazes em Belo Horizonte, Os Mutantes eram amigos de rua que moravam no bairro da Pompéia, em São Paulo. Todos eles, de uma forma ou de outra traziam a marca do lugar onde viviam, das coisas que faziam e de um mundo que imaginavam. Nesse contexto, na cidade do Rio de Janeiro, um grupo também viria a se formar para ocupar um lugar ao lado de todos esses. Eram não mais do que garotos como todos, mas eram talentosos e estudiosos. E, quis o destino que eles se encontrassem no verão de 1973 para formar A Barca do Sol.

Quando se fala na cultura dos anos 1970, é preciso especificar bem de qual ponto de vista estamos tratando. Praticamente nenhuma época na história possui uma cultura hegemônica. Talvez antes do século XX houvesse um pouco menos de variedade, mas isso em um sentido muito vago e tratando de maneira bastante geral. Mas fato é que, nos anos 1970, somente em termos de música, há uma grande segmentação, e que foi se transformando ao longo da década. Vamos então fechar ainda mais o foco: música popular brasileira. Nesse sentido temos os gêneros que vêm do samba e seus cruzamentos com outras tendências. Temos os gêneros derivados de outras manifestações populares, principalmente aquelas provenientes na Região Nordeste; e ainda formas de canção derivadas da modinha e outras formas sobreviventes do século XIX. Isso tudo misturado com outras expressões de várias origens vai dar em um tipo de música que foi apropriado pela juventude e denominado como música popular brasileira. Observe que eu não procurei definir nem quem cunhou o título nem o que seja essa música, apenas tracei um panorama das suas principais confluências.

Vamos abrir um pouco o foco e observar que o rock e o movimento *hippie* foram importantes nos anos 1960, e evidentemente isso não passou desapercebido no cenário musical brasileiro. Logo, a tropicália incorpora esses elementos à música popular brasileira, e ainda, uma certa tendência estética herdada do movimento modernista de 1922. Então, basicamente, o que se fazia, em termos de música popular, no início dos anos 1970, estava entre essas duas vertentes: a primeira que é diretamente derivada de gêneros tradicionais em formas de canção ou dança; e a outra que contém um aporte de elementos da contracultura e, também, da música erudita.

Claro que isso não é nenhuma especificidade, muito pelo contrário, é uma generalização. Mas às vezes é necessário recorrer a esse tipo de divisão esquemática, que por sua natureza ignora muitos detalhes, para poder entender melhor um determinado contexto. Principalmente quando ele está muito distante dos nossos dias.

Vamos continuar a nossa digressão pelo tempo e pelo espaço para melhor situarmos a nossa história. Aliás, em 20 de julho de 1969, o módulo lunar *Eagle*, da missão Apolo 11, pousou na lua. O mundo estava conectado pela televisão, sim, isso era realmente importante! O que passava na televisão era visto por milhões de pessoas ao redor do mundo. Nesse mesmo ano, Cid Moreira disse o seu icônico “Boa Noite” pela primeira vez no Jornal Nacional. Mas nem tudo era mágico na televisão, por trás de muitas notícias se escondia o silêncio da verdade. Por detrás de cada cópia do documento de aprovação da censura para a exibição de um programa estava uma linha, ou página cortada. O regime militar controlava os meios de comunicação, e, consequentemente, a música. Muito do que se escrevia nas letras das canções eram metáforas ou esperança de um dia poder dizer coisas melhores. Por isso o movimento *hippie* também foi extremamente importante, por ser uma forma de resistência pacífica, e ainda assim capaz de demonstrar e produzir alguma forma de arte alternativa. Mas essa influência não aconteceu de maneira direta, pois nunca houve realmente um movimento *hippie* no Brasil. Tudo o que existiu em termos de contracultura no Brasil foi feito por meio de ecos das notícias que aqui chegaram, ou de gente que veio dos Estados Unidos e de alguma forma participou dos movimentos norte-americanos.

Sim, o Brasil era um caleidoscópio de imagens entre a construção de Brasília, do píer em Ipanema, e de uma multidão de coisas que passavam diariamente na televisão, ou estava impressa em revistas e jornais.

Ser criança ou jovem nos anos1970 era muito diferente também. Sem ter tantos atrativos como viriam a surgir em um futuro sonhado do ano 2000, as crianças brincavam com coisas bem mais simples, e se divertiam na rua. Sim, o ano 2000 era uma espécie de marco temporal, quando tudo seria possível. E de fato muitas das coisas aconteceram, outras tantas eram só bobagens e não passaram de ilusão. Mas ali, no início da década de 1970, alguns sonhos eram acalentados ao som dos Beatles, outros tantos tinham a imagem do Pelé comemorando um gol na final da Copa do Mundo, ou mesmo dos tantos que ele quase fez. Não importa, o Brasil era tricampeão! Os meninos sonhavam com isso. Nas escolas ainda se estudava o latim, era preciso saber de cor as cinco declinações: nominativo, genitivo, acusativo, dativo, ablativo e vocativo. No singular: sidus, sideris, sidus, sideri, sidere, sidus. E no plural: sidera, siderum, sidera, sideribus, sideribus, sidera. Isso tudo para dizer se a estrela é de alguém, se alguém viu a estrela, e assim por diante. Detalhe: o inglês normalmente não era a segunda língua, mas o francês. Mas ouvia-se inglês frequentemente nos filmes e nas letras das canções.

Da Boca do Mato ao Rio de Janeiro

Quem morava no Rio de Janeiro, nos anos 1970, provavelmente iria passar as férias na região serrana. Claro, você vai à praia o ano todo, e nas férias você quer fazer um programa diferente. Poderia ser perto de Nova Friburgo, Petrópolis, Teresópolis, ou em qualquer lugar entre um e outro. Era comum ir nesses sítios, pois naquele ambiente bucólico a garotada poderia se reunir para jogar bola, conversar, e o que mais tivesse de diversão. Foi exatamente nesse contexto que Fernando Carneiro e Maurício Costa se conheceram.

Foto de Maurício e Marcelo Costa (acervo da família Castro da Costa).

Maurício, que desde sempre era chamado de Muri, estudava em Copacabana, no Ginásio Estadual Infante Dom Henrique, que era bastante conceituado, mas o ensino público já começava a dar sinais de falência, que os pais de Muri perceberam rapidamente e tomaram a decisão de transferir o filho para um colégio particular; o Colégio Brasileiro de Almeida, que era dirigido pela família de Tom Jobim, cujo nome completo era Antônio Carlos Brasileiro de Almeida Jobim, e além do mais ficava a cinco quadras de distância de casa. Lá ele estudava em regime semiaberto, que fazia com que os alunos ficassem no colégio das 8:00h da manhã as 17:00h, mas isso tinha suas vantagens. Ninguém precisava fazer tarefas de casa, esses eram feitos durante uma aula chamada estudo dirigido. Também tinha aulas de teatro, oficina de cerâmica e madeira; e, ainda melhor, como o colégio não dispunha de uma área específica para educação física, essas aulas eram feitas na orla da Lagoa Rodrigo de Freitas, na Praia de Ipanema, ou na sede do Corpo de Bombeiros de Copacabana.

No bairro vizinho morava Fernando "Nando" Carneiro, mais precisamente na Rua Igarapava, nº 59, em um prédio de quatro andares. Após começarem as aulas, um vizinho que morava no primeiro andar, cujo pai era presidente da SUNAMAM (Superintendência Nacional da Marinha Mercante), ganhou de presente uma viagem para o lugar que escolhesse - no caso ele optou pela Inglaterra -, e com direito de levar um amigo junto. Foi então que esse amigo, Carlinhos, fez o convite para que Nando o acompanhasse nessa aventura. A viagem seria feita em um navio cargueiro da Marinha Mercante, mais especificamente da Companhia Lloyd Brasileiro. Até aí parece tudo muito normal, ocorre que Nando tinha 17 anos, um ano a menos do que o amigo que o convidara, e que ganhou a viagem como presente por ter entrado na faculdade. Mas como certas coisas acontecem meio que por acaso e se completam da mesma maneira, os irmãos mais velhos trataram de convencer o pai, Geraldão Carneiro, a deixar o filho mais novo partir nessa empreitada. E foi assim, sem mais, que Nando, em 1971, embarcou nessa viagem épica. Foi uma aventura digna de romances dos exploradores do século XIX! O roteiro, partindo do Porto de Santos, incluía Les Havres, Antuérpia, Roterdam, Bremen e, por fim, Liverpool. Após sair do Rio, na parada do porto de Santos, eles conseguiram comprar um violão em um botequim. Péssimo instrumento, um violão vagabundo da marca Tonante, que, por pior que fosse, foi uma salvação, porque em um cargueiro não tem absolutamente nada para se fazer, como diz Nando. O violão lhes serviu de companhia durante toda a viagem, já que os dois livros que estavam na bagagem duraram apenas um dia e meio. Foram 11 dias até Le Havre, na França, e mais outros 11 ou 12 até chegar em Liverpool, sendo que a parada programada para o porto de Bremen, na Alemanha, não aconteceu.

Ao desembarcar em Liverpool era obrigatório que fossem, evidentemente, até o *Carvern Club* ver onde os Beatles haviam começado. Claro! Se ainda hoje todo fã dos Beatles, quando vai a Liverpool, não dispensa este ponto de peregrinação, imagine então se você tivesse 17 ou 18 anos em 1971! O último disco dos Beatles, *Let it be*, havia sido lançado havia apenas dois anos. Tudo era muito vivo, e em um mundo em que nem se sonhava com a internet tudo era novidade. Inglaterra, Liverpool, Londres... eram lugares extremamente desconhecidos, mas que faziam parte do imaginário. No máximo havia revistas, jornais e, vez ou outra, umas imagens na televisão. Mas nada que desse a real dimensão do que era o mundo além-mar. Depois de Liverpool, trataram de tomar um trem até Londres, onde permaneceram por 20 dias. Lá Nando comprou uma revista chamada *Time Out*, que continha a programação musical da capital britânica. Na contracapa dessa revista havia uma foto enorme de Gilberto Gil, que àquela época se encontrava exilado na Inglaterra. E justamente naqueles dias iria acontecer, em um clube londrino chamado *Marquee*, dedicado ao Jazz, um show com Gilberto Gil. Ocorre que infelizmente foi desmarcado, para desapontamento de Nando e Carlinhos. Mas não faltaram outros shows, na falta de oportunidade de ver

Jimmy Hendrix, que havia morrido havia um ano, viram a banda de Buddy Miles, baterista de Hendrix. Assim, se não viram o maior guitarrista de todos os tempos, tiveram a oportunidade de ir a um festival cujo encerramento foi feito pelo Pink Floyd. Isso dá uma ideia da essência cultural daquela época: ver Gilberto Gil cantando em inglês, o baterista de Jimmy Hendrix e Pink Floyd. Após essa estadia na Inglaterra os dois, Nando e Carlinhos, pegaram novamente o Lloyd Brasileiro e voltaram ao Brasil – durante o regresso, Nando celebrou a chegada dos seus 18 anos.

Nando voltou com outra cabeça, certamente, não era mais o menino de antes, não só porque havia completado 18 anos, mas porque as coisas que viu e ouviu lhe deram uma dimensão muito maior da vida, além de tudo o que ele já havia vivido até então. Mas, de volta ao Rio de Janeiro, a vida continuava normalmente; e foi assim que ele retornou ao curso pré-vestibular do qual havia se afastado temporariamente para a viagem. Ocorre que nesses meses a matéria já estava adiantada e ele confessa não ter acompanhado, o que não é para menos. Além dos meses fora, a sua cabeça estava completamente absorta ainda nas aventuras, em um mundo bem maior do que a praia de Ipanema, ou mesmo o Rio de Janeiro inteiro. Mas isso lhe custou a vaga na faculdade de arquitetura, pois apenas um semestre completo de preparação não lhe permitiu ser aprovado na UFRJ. Consequentemente seria necessário fazer o pré-vestibular completo dessa vez. Assim, no início do ano de 1973, ele se matriculou novamente no Curso Vetor. Justamente na Av. N. S. de Copacabana nº 928 havia um prédio que abrigava diversos cursos pré-vestibular, dentre os quais funcionava o Curso Vetor, que era específico para arquitetura.

Mas como os encontros são sempre providenciais, quando ele entra na sala de aula, ali estava sentado o seu velho companheiro de futebol do sítio na região da Boca do Mato: Muri! E entre uma conversa e outra combinaram de estudar juntos, mas, à medida que os interesses em comum se fortaleciam, sobretudo a música, o estudo ia perdendo espaço. Da tal da viagem de cargueiro, Nando trouxe duas melodias prontas: "Pico a Mula" e "Lady Jane", as quais receberam letras de Geraldo Carneiro.

Em 14/11/1961, foto da turma de piano da Profa. Carmen Manhães. Da direita para a esquerda, à frente: Fernando "Nando" Carneiro – atrás de um arranjo de flores descomunalmente grande; Geraldo Eduardo "Geraldinho" Carneiro – ainda de cabelos curtos; e Maria Elizabeth "Bita" Carneiro (acervo da família Carneiro).

Nando é o irmão mais novo de Geraldo Carneiro, que naquela época já era parceiro de Egberto Gismonti. Maurício, piano no Conservatório Brasileiro de Música. Seu pai era advogado, e mostrava aos filhos todos os tipos de música, desde Ray Charles a Mussorgsky. A mãe de Muri havia estudado piano, de modo que a casa da família Costa respirava música. Apesar, também, de estudar piano, Marcelo, o irmão mais novo de Muri, gostava mesmo era de batucar. O pai logo percebeu, e sempre lhe trazia um ou outro instrumento de percussão. Durante uma viagem à Bahia, no Mercado Modelo, Marcelo pediu ao pai que lhe comprasse um agogô – instrumento esse que o acompanha até hoje.

A cidade de São Sebastião do Rio de Janeiro sempre foi, e ainda é, extremamente cosmopolita, mas sempre cultivou suas tradições. Uma delas, muito característica da zona sul, é a Banda de Ipanema. A Banda de Ipanema surgiu em 1965 com um grupo de amigos que por ocasião de uma visita a Ubá, Minas Gerais, assistiu ao desfile da *Phylarmônica Em Boca Dura de Ubá,* uma espécie de banda musical – que contava com instrumentos de sopro e percussão – e desfilava nas ruas durante o carnaval. Curiosamente, a Banda de Ipanema não estreou no carnaval, mas duas semanas antes – tradição que ainda permanece. Não se assemelha em nada às escolas de samba, e até o início dos anos 1980 era muito diferente do que é hoje, quando a ideia é mais de um bloco de carnaval. Todas essas coisas que aconteciam no calendário da cidade se misturavam com o que se passava no mundo de uma maneira que, às vezes, lembra páginas de Gabriel Garcia Marques, ou Jorge Amado.

Pois foi no dia 17 de fevereiro de 1973 que Pixinguinha faleceu, e a Banda de Ipanema vinha pela Rua Prudente de Moraes, e ali no meio da Banda estava Marcelo, ainda um menino. De repente começa a correr no meio das pessoas uma conversa, um certo alarde, um ar de perplexidade; Pixinguinha morreu, dentro da Igreja Nossa Senhora da Paz, a poucos metros. "Então é o velório?", alguém perguntou Ninguém sabia ao certo. A notícia foi se espalhando até que se fez um silêncio aterrador! Daqueles que parece que o tempo está suspenso, como aquele na cena da morte de Vadinho, em Dona Flor e seus dois maridos, filmado por Bruno Barreto. E tal como em Jorge Amado, a morte de Pixinguinha havia sido súbita. Ele morreu durante um batizado, no qual seria padrinho, como se soube depois. Todos pararam de tocar; cantou-se "Carinhoso" em honra a Pixinguinha. É interessante esse cruzamento de mundos: de choro, samba e carnaval, para o menino que tocava Beatles com o irmão mais velho. Mas essa mistura de sons já começava em casa.

Muito ao contrário das décadas que viriam, os anos 1960 foram pródigos na quantidade de discos lançados; tantos e tão diversos que é praticamente impossível inventariar sequer os gêneros. No meio desses tantos títulos, meio perdidos nas prateleiras das lojas, o pai de Muri e Marcelo achou um interessante: *Escola de Samba da Cidade e Paulinho e sua Bateria – Batucada*. Gravado no ano de 1966, continha uma música chamada "Sorongo". Na contracapa desse disco de Paulinho Baterista, ou Paulinho Magalhães, desvenda-se o mistério. "Sorongo – o ritmo nasce como uma flôr,[1] como nasce um verso Pedro dos Santos é o poeta que sonha, um sonho colorido de flôres, e traz no peito um ritmo que é seu. Deu-lhe o nome de 'Sorongo', e para exibir a sua criação fêz da flauta de Copinha sua cúmplice; e da bateria sempre em ritmo, a coluna mestra que sustenta este novo edifício musical". Fiz questão de transcrever na grafia original para manter um certo sabor dos anos 1960. Ainda segundo as informações desse disco, a melodia era "Dança do Pica-Pau".Pedro Santos, no caso, era um percussionista nascido em 1919 que acompanhou grandes nomes da música brasileira, como Jacob do Bandolim, Elza Soares, Elis Regina e muitos outros de uma lista enorme. Ele também criou instrumentos de percussão como o berimbau de boca, o bambu eletrônico e a "tamba"; este último deu nome ao Tamba Trio, lendário grupo formado por Luiz Eça, Hélcio Milito e Bebeto Castilho. Pois bem, Pedro Santos também era conhecido como Pedro Sorongo, pois diz-se ter sido ele o criador desse estilo, que é um estilo de samba, segundo a contracapa do disco *Batucada, Escola de Samba da Cidade, Paulinho e sua Bateria*. O pai de Muri e Marcelo gostava

1 Citei tal como no original, com a grafia da época.

muito de samba e sempre colocava esses discos para tocar. Marcelo se interessou por essa batida do sorongo e tratou de reproduzi-la em um atabaque que o pai lhe havia comprado.

Nando e Muri foram estudar juntos para o vestibular. Durante as pausas, porém, aproveitavam para mostrar algumas músicas que haviam feito. Muri já havia participado de festivais colegiais, e mostrou a Nando as suas músicas. Nando, por sua vez, compunha e tinha a providência de ter como parceiro seu irmão mais velho. E, assim, entre uma música e outra, entrava na roda o irmão mais novo de Muri, Marcelo, na época com 13 anos de idade. Marcelo também havia estudado piano, mas gostava mesmo de percussão. Nesses momentos musicais entre Nando e Muri, Marcelo acabou virando presença constante. Além das músicas próprias, eles gostavam de tocar Beatles, como todos os jovens daquele tempo. Para se ter uma ideia, o *Sgt. Pepper's* havia sido gravado em 1967, que para a época era ainda recente. Muito embora estivéssemos no ano do *Dark side of the moon*, tudo acontecia como que ao mesmo tempo, não havia essa ideia de obsolescência. Assim, ao som dos Beatles, de Egberto Gismonti, Milton Nascimento e tantas outras coisas que flutuavam nas ondas do rádio, nos *pick-ups*, e mundo a fora, o trio continuava entre a praia de Ipanema, as aulas e os ensaios. Até que um dia nasceu uma música chamada "A Barca do Sol", uma parceria de Nando, Muri e João Carlos Pádua. O título dessa canção foi incorporado ao trio, que passou a chamar-se *A Barca do Sol*.

O sol, ah... o sol! Essa estrela é uma testemunha constante de tudo o que acontecia, desde a praia de Ipanema até onde quer que fosse. A letra dessa canção havia sido feita por João Carlos Pádua e entregue a Nando para ser musicada. A primeira parte estava pronta, mas a segunda não evoluía... foi então que Nando propôs a Muri se ele não tinha uma ideia de como continuar aquela canção, e ele, em um estalo, terminou a música.

João Carlos Pádua na praia, em Rio das Ostras,
com seu maço de Hollywood (foto de Alain Pierre).

E a poesia de João Carlos Pádua, assim como a de Geraldo Carneiro, é muito presente ao longo da discografia da Barca. É interessante como as letras são soturnas e ao mesmo tempo ensolaradas, como o verão.

Mas eram outros tempos no Rio de Janeiro! Claro, desde que o mundo é mundo há assaltos e outros percalços, e Ipanema não era exceção. Muri se lembra de ter tido o relógio roubado na rua Prudente de Morais, quando tinha por volta de 14 anos. Mas nada que o impedisse de continuar circulando livremente pela cidade e conhecer outras pessoas, como o pessoal dos Seminários de Música Pró-Arte, ou simplesmente Pró-Arte, uma importante escola de música localizada em Laranjeiras, que infelizmente fechou suas portas em 2018. Ali passaram, tanto como professores como alunos, muitos músicos importantes, como Esther Scliar, Leo Gandelman, dentre muitos outros.

Mesmo assim o território do pessoal d'A Barca do Sol, naquele momento, compreendia o território de Ipanema até o Leblon, onde Nando morava, mais precisamente na Rua Igarapava, nº 59.

Esse endereço já era uma espécie de referência entre os músicos e intelectuais. O irmão mais velho de Nando, Geraldo Carneiro, a essa altura já era bastante conhecido. Dentre outras coisas, ele assinava as letras das canções em parceria com Egberto Gismonti. Havia, na casa da família Carneiro, um ambiente extremamente musical e artístico.

Cursar arquitetura era um caminho normal para o pessoal da música: Tom Jobim havia iniciado o curso na Faculdade Nacional de Arquitetura, que hoje faz parte da UFRJ, Chico Buarque, na Faculdade de Arquitetura e Urbanismo da Universidade de São Paulo, muito embora nenhum deles tenha concluído, o que era também muito comum. Em 1971, havia sido inaugurado o prédio da Faculdade Bennett, uma conceituada instituição de origem americana. Este era o objetivo da dupla, entrar para o curso de arquitetura da Faculdade Bennett.

Foto do primeiro show na Faculdade Bennett: à esquerda, Nando, e à direita Muri (foto de Bita Carneiro).

Nesse meio-tempo, entre os estudos e a praia, a música sempre estava presente. O estudo de piano no curso do Conservatório Brasileiro de Música exigia bastante, pois, além do instrumento, havia aulas de harmonia, contraponto, canto coral e história da música. Mas, além do estudo formal propriamente dito, era importante ouvir e assistir também os músicos que faziam música popular. Muri conta que ia muito a shows, e se lembra de ter ido assistir diversas vezes o Som Imaginário tocar no Teatro da Fonte da Saudade, e a cada dia se concentrava em observar atentamente um determinado músico, seja o violão de 12 cordas de Tavito, a bateria de Robertinho Silva, ou a guitarra de Frederyko (Fredera). Ir a shows era uma excelente maneira de aprender música, sobretudo quando não havia muitos lugares onde se estudar "música popular".

E havia ainda os discos, é claro. O *Clube da Esquina*, de Milton Nascimento, havia sido gravado em 1972. Um álbum duplo incrível que trazia canções como "Cravo e Canela", "Cais", "Clube da Esquina nº 2", "Um Girassol da Cor dos seus Cabelos", e muitas outras que seriam ainda regravadas futuramente por Beto Guedes e Lô Borges. Pode parecer um pouco estranha essa relação com o pessoal de Minas, mas na realidade foi essa corrente musical que impulsionou muito do que viria a ser feito, em termos de música popular, no Brasil. E não nos esqueçamos de que o pessoal do Clube da Esquina entendeu muito bem o som dos Beatles e integrou todos esses sons na música brasileira. Lá de Minas Gerais vinha esse pessoal que misturava os elementos regionais com o rock, algo que alguns denominaram como "rock rural", que era uma tendência não somente no Brasil, mas também no cenário internacional. Neil Young, Cat Stevens, Simon and Garfunkel são exemplos dessa mistura.

Tudo isso estava ligado, também, de certa forma, à estética *hippie*. No Brasil isso era também uma maneira de tentar sair do controle do regime militar. É claro, isso já vinha sendo feito pela tropicália, desde os anos 1960; mas, além de ser um movimento de um grupo de pessoas que se reuniam em outro contexto, e, principalmente tendo como veículo os festivais universitários, as coisas não estavam boas para eles. Chico, Caetano, Gil, dentre outros, estavam no exílio. Os festivais já haviam perdido a força, e mesmo a juventude já se comportava de outra maneira. Não é que os jovens tivessem abandonado a rebeldia, mas a coisa era diferente, era uma geração pós-Woodstock, no Rio de Janeiro usava-se o verbo "desbundar". Não há uma única tradução para isso, mas seria como fazer as coisas fora do *status quo*, reagir ao sistema. Não era um engajamento político, no sentido de partido – até porque isso não era muito viável, havia apenas dois partidos – MDB e ARENA –, e ser "oposição" era apenas uma maneira de dizer. Havia, evidentemente, aqueles politicamente engajados, mas era algo que atuava na clandestinidade. Por isso uma revolução de costumes fazia muito mais sentido, principalmente porque isso era mesmo muito necessário.

Assim, toda essa geração de Minas vinha trazendo o sabor musical de um Brasil diferente, não em oposição aos outros estilos, mas algo que somava. Por exemplo, Zé Rodrix tocou no Som Imaginário até 1971, e depois juntou-se a Luis Carlos Sá, nascido no Rio de Janeiro, e a Gutemberg Guarabira, nascido na Bahia, formando o Sá, Rodrix e Guarabira. Não era só uma questão geográfica, mas uma ideia do "rural". Veja que estou evitando falar em "rock rural", para fugir desse rótulo criado pelas gravadoras que elegeram uns e outros como representantes desse estilo. Mas é certo que havia uma influência do interior do país, mas daí a dizer rural... Belo Horizonte é capital e não é zona rural, e a maior parte do pessoal do Clube da Esquina vinha de lá. Beto Guedes nasceu em Montes Claros, mas foi criado na capital. E onde tudo isso foi dar? No Rio de Janeiro, ali, onde Muri e muitos outros rapazes iam assistir aos shows, ou seja, era o som que estava rolando na época em termos de produção musical.

Se Egberto Gismonti já era de casa, Dori Caymmi não era menos familiar. Geraldo Carneiro tocava em um grupo chamado

P.A.L., um sugestivo acróstico de *Poder Assolador da Lapa*, segundo consta, nome inventado por João Carlos Pádua. Esse grupo era formado por Paulinho Jobim, Geraldinho Carneiro, Piry Reis e Danilo Caymmi. João Carlos Pádua era poeta, participava escrevendo as letras, mas nunca tocou nenhum instrumento. Entretanto, há uma reportagem na *Revista Manchete*, de 29 maio de 1972, em que aparece João, e deram-lhe uma flauta para posar. Coisas da "oportunidade...", do fotógrafo, ou produtor.

São erros históricos que muitas vezes passam para a posteridade como verdade. Assim como a ideia de que A Barca do Sol tivesse sido "banda de apoio" do Piry Reis. Este equívoco foi muitas vezes reproduzido deliberadamente por falta de conhecimento da história daquele cenário musical. Piry Reis, que se tornara conhecido anos antes com o prosaico pseudônimo de Periquito, ao vencer o Festival de Macaé – cidade da qual, aliás, ele era natural –, havia conhecido e se tornado parceiro de Geraldinho Carneiro, que naquela época também tocava piano. Em 1970, não mais como Periquito, mas como Piry, ele grava o disco *Piri Vocês querem mate?*, onde consta como participação especial Paulinho Jobim e Danilo Caymmi (flautas), Geraldinho Carneiro (piano), Jorge Marinho (baixo), Wilson das Neves (bateria). A capa é muito sugestiva: os quatro (Paulinho, Danilo, Geraldinho e Piry) sem camisa dentro de uma carroça de madeira, do tipo que era usada até meados dos anos 1960 para recolher lixo na cidade do Rio de Janeiro.

Na época que esse disco foi gravado, 1971, A Barca do Sol nem sonhava em existir, e, mesmo depois, a Barca nunca tocou com Piry Reis. O que havia era a parceria entre Piry Reis, ou simplesmente Piri (como é grafado no LP), e Geraldinho Carneiro. Nando conhecia Piry, gostava muito das suas músicas, e com frequência pedia que lhe ensinasse a tocá-las. Pode-se até dizer que houve uma certa influência na maneira de Nando tocar violão. Aliás, não só de Piry Reis, mas de todos os que passavam pela casa da família Carneiro, e foram muitos. O primeiro violonista que Nando ouviu foi ninguém menos do que Dilermando Reis, autor da célebre valsa "Abismo de Rosas". Também passaram por lá Milton Nascimento, Toninho Horta, dentre outros; para não mencionar Egberto Gismonti, que já era de casa.

Todas essas coisas faziam parte das referências auditivas, além dos discos, shows que rolavam pela cidade. Muri e Marcelo compravam uma infinidade de discos em uma loja de frente para a Praça General Osório, em Ipanema. Não podemos nos esquecer de que a difusão da música popular acontecia pelos discos, e, ainda mais, desde *Sgt. Pepper's* o disco havia deixado de ser apenas uma forma de registro sonoro para ser uma obra de arte em si. Discos como esse, dos Beatles, foram concebidos para ser ouvidos nessa mídia, e, nesse caso, nunca houve uma *performance* ao vivo. Outros, como *The Dark Side of the Moon*, apesar de terem sido tocados ao vivo, também foram concebidos como obras de estúdio. Colocando todas essas referências lado a lado, o mundo dos discos e do que se ouvia ao vivo, certamente, foi enriquecedor.

O primeiro show d'A Barca do Sol foi em um festival realizado em um estádio de futebol, na cidade de Três Corações – MG, onde o encerramento foi feito por ninguém menos do que Milton Nascimento! Nessa apresentação d'A Barca do Sol, em Três Corações, teve a participação especial de Beth "Bita" Carneiro – irmã de Nando – tocando piccolo. Festivais desse tipo, de maiores ou menores proporções, eram comuns naquela época; todos inspirados em Woodstock. Um dos maiores destaques foi o de Guarapari, em fevereiro de 1971, embora houvesse outros, como a Feira Experimental de Música. Esse último foi realizado em Nova Jerusalém, onde se encena atualmente a Paixão de Cristo. São coisas muito anteriores ao Rock in Rio, e que possuíam um outro enfoque. Era tudo mais coletivo, ainda muito influenciado pelo verão do amor de 1967. É claro, em tempos de ditadura militar, nada disso era visto com bons olhos pelas autoridades. Participar de qualquer festival desse tipo era definitivamente um ato de rebeldia.

No extremo oposto estavam os festivais "comportados", aqueles que possuíam uma organização oficial, e na maior parte das vezes contava com o apoio do estado, da prefeitura e até do governo federal, em certos casos. Mas não se enganem, a música sempre foi lugar de liberdade. Onde quer que a música sobreviva há uma semente de inquietação. Por mais que a nobreza ou o clero tenham financiado seus artistas, eles sempre souberam fazer da sua música uma voz daquilo que não se falava senão discretamente.

Dentre esses festivais "sérios" estava o *Festival de Música de Curitiba*, que teve início em 1965, sob a direção do maestro Roberto Schnorrenberg, e tinha por objetivo juntar professores e alunos do Brasil e do exterior. Em 1974, haveria uma novidade nesse festival: um curso de música popular. Egberto Gismonti havia sido convidado para dar aula no Festival de Música de Curitiba e dispunha de algumas bolsas. Ao ouvir A Barca do Sol – ainda um trio – durante uma visita na casa da família Carneiro, Egberto ofereceu ao trio a oportunidade de participar do festival. Eles aceitaram imediatamente, é claro! Seria uma oportunidade incrível de passar um mês estudando música popular com dois grandes mestres. Nesse festival, além das aulas teóricas e de instrumentos, havia uma matéria de música popular que seria ministrada durante os primeiros 15 dias por Dori Caymmi, e nos outros 15, por Egberto Gismonti.

O primeiro verão

Muri e Marcelo foram comemorar a passagem de 1973/1974 na casa da família Carneiro, pois na manhã do dia 1º eles deveriam estar na frente da Universidade Gama Filho, de onde iria sair o ônibus com os alunos que iam do Rio de Janeiro para o Festival de Curitiba. Seria necessário sair bem cedo, uma vez que a Gama Filho ficava bem longe de onde eles moravam, então aproveitaram que estavam reunidos e iriam direto.

Aquele réveillon foi mágico, como lembra Marcelo. E não é para menos, no dia estavam ali, naquela noite, além do trio, Geraldo Carneiro, João Carlos Pádua, dois grandes poetas que escreviam as letras das canções que eles compunham, Bita, companheira de muitos momentos – que registrava tudo em fotografia –, dentre familiares e muitos amigos. Apesar da animação e da grande expectativa pela viagem a Curitiba, havia um senso de responsabilidade. Muri, na função de irmão mais velho, estava levando o caçula de 13 anos, o que não era problema, na realidade, pois todos iriam ficar o dia inteiro ocupados estudando.

Nesse festival, Nando, Muri e Marcelo conheceram o violoncelista Jaques Morelenbaum e comentaram que precisavam de uma flauta, e Jaques disse: "Não chamem ninguém! Esperem, vai chegar um cara. Quando ele toca, a flauta brilha!" – falando de Marcelo Bernardes – e, de fato, um ou dois dias depois, ele chegou. Durante o Festival de Curitiba, por ocasião das aulas de Dori Caymmi, Marcos Stul entrou para tocar contrabaixo, e Beto Rezende juntou-se ao grupo para ajudar na percussão, muito embora fosse originalmente guitarrista.Nesse festival as coisas aconteciam imprevisivelmente combinadas. A começar pelo próprio festival, que se diferencia dos demais por ter sido o primeiro ano a incluir música popular, o que causou uma certa cisma na história dos festivais de Curitiba, sendo a edição de 1974 pouco documentada e cercada de histórias controversas acerca da organização. E, como comenta o pessoal da Barca, havia até paródias improvisadas nos dormitórios para achincalhar as condições precárias. Mas, como comenta Marcelo Costa, "se assim não fosse a nossa história teria sido diferente". Por isso eu considero imprevisivelmente combinado o fato de Jaquinho ter chegado um dia depois de o festival ter começado, e Bernardes ainda depois. Todos iriam se encontrar, não ao mesmo tempo, mas, sim, na sequência em que as coisas aconteceram.

Jaquinho demorou-se no Rio por ocasião do Bar Mitzva[2] do irmão. Foi com seu Fusca direto até Curitiba levando um violão, o cello e uma viola da gamba. Durante a viagem ia ouvindo fitas K7 em um gravador portátil movido a pilha que insistia em "comer" a fita. Ao chegar na cidade, muito contrariado com o aparelho, Jaquinho acabou por arremessar contra o asfalto o sórdido aparelho - com a fita - na frente de uma galera. Ali, naquele instante, estava o Marcelo, que se recorda de ter visto o episódio. Detalhe, eles ainda não se conheciam. Mas não foi só o toca-fitas que Jaquinho arremessou, mas também o seu curso de economia na UFRJ. Isso desagradou muito o Maestro Henrique Morelenbaum, a quem não fazia gosto ver o filho seguir a carreira de músico, pois já sabia das dificuldades. Consequentemente ambos passaram anos sem conversar, nada além de cumprimentos formais. Mas já estava decidido, Jaquinho iria seguir com A Barca mundo a fora.

Após retornarem ao Rio, onde coincidentemente todos moravam, A Barca do Sol se reuniu como um septeto com a seguinte formação: Nando Carneiro, Muri Costa, Marcelo Costa, Jaques

---

2 Cerimônia que marca a maioridade religiosa de todo judeu.

Morelenbaum, Beto Rezende, Marcelo Bernardes e Marcos Stul. Imediatamente começaram a ensaiar na casa de Nando no lendário endereço da Rua Igarapava, nº 59. Não eram somente ensaios, mas também ali se formava um público que havia de acompanhar o grupo para sempre. Inicialmente apenas um ou outro amigo, depois mais alguém conhecido, e assim por diante. Chegou mesmo ao ponto de se formar uma fila na porta do elevador. Um dia Muri chegou para o ensaio, viu aquela fila e perguntou para alguém: "Vocês estão indo aonde?" "Ah, no ensaio d'A Barca do Sol! Conhece?". Ali ficaram muito claras duas coisas, a primeira é que A Barca já tinha um público, e a segunda é que definitivamente não era possível mais ensaiar com tanta gente. A solução foi realizar ensaio aberto ao público apenas uma vez por semana. Marcelo Costa comenta que possivelmente eles inauguraram a prática de realizar ensaios abertos, o que de fato não era usual, pelo menos no Brasil. Mas, apesar dessa prática, A Barca sempre foi muito rigorosa nos ensaios. Havia ensaio todo dia, independente das apresentações.

Em um desses ensaios apareceu um sujeito, Allan Douglas, um produtor que conhecera o Jimmy Hendrix e propôs à Barca gravar um compacto. Junto com essa proposta nasce uma característica importante d'A Barca do Sol: a democracia, todas as decisões eram tomadas coletivamente pelo grupo. E, assim, foi decidido unanimemente que o compacto simples não interessava, o objetivo era um LP. Pode parecer estranha a importância de um LP, à luz do século XXI, mas nos anos 1970 um disco era uma obra de arte, enquanto o compacto era apenas um veículo de divulgação de uma canção de sucesso. E, de fato, não tardou muito a oportunidade. Eliza Byington, que viria a ser casada com Geraldinho Carneiro, trabalhava na gravadora Continental, essa de propriedade de Alberto Byington, seu tio. Eliza apresentou a Barca do Sol na gravadora, onde assinou contrato para gravar seu primeiro disco. A produção foi de ninguém menos do que Egberto Gismonti.

A flauta da 3ª parte do "Arremesso" foi o Egberto que escreveu, além dos sintetizadores do "Arremesso" e "Alaska", que foram criados na hora. E, também, o momento *free* em "Caminhão" foi sugestão dele ainda no curso de Curitiba.

As canções do disco já estavam todas prontas quando surgiu a oportunidade de gravar, e tudo muito bem ensaiado. Diz-se que letra e música possuem uma relação fraterna, são como irmãs. No caso d'A Barca do Sol nada pode ser mais verdadeiro. Nando e Geraldinho Carneiro são irmãos, mas os demais também são como irmãos. O escritor Paulo Mendes Campos, que nos anos 1940 integrou a geração mineira ao lado de Fernando Sabino e outros notáveis escritores, frequentava a casa da família Carneiro. Consequentemente Daniel Mendes Campos é companheiro de Nando e Geraldinho desde a infância. Juntos iam à praia, e, ali, Daniel estava sempre às voltas com animais. Seja caranguejos, cavalos marinhos, ou qualquer animal exótico que fosse. Há inclusive um episódio em que ele encontrou no Rio de Janeiro um pinguim que apareceu na praia, levou para casa e o criava em uma banheira; e outra vez que havia uma arara no topo de uma árvore e ele foi lá ajudar a resgatar. Isso aconteceu na época do ginásio, quando ele estudava no Colégio Brasileiro de Almeida e era colega de Muri. Então, apesar de poeta, assim como o pai, no fundo a paixão de Daniel Mendes Campos sempre foi a veterinária, que foi a carreira que ele efetivamente seguiu.

João Carlos Pádua e Afonso Costa, também constituíam amizades muito próximas durante todo o tempo, infelizmente, ambos já falecidos. Afonso Costa, amigo desde os tempos do Curso Vetor, chegou a ceder o endereço do seu escritório de arquitetura, no Humaitá, para a Verão Produções, empresa constituída pela Barca para gravar o terceiro disco. Esse endereço, porém, servia apenas para fins legais, uma vez que o verdadeiro lugar onde a Barca de fato se reunia era em Santa Tereza. Mas há ainda um letrista que se deve destacar com muito carinho. Muitas vezes passa desapercebido, ali perdido, a terceira faixa do lado B, "Alaska". Dos créditos constam Nando Carneiro e Geraldo Carneiro, como em outras músicas, entretanto, essa é diferente. A letra foi escrita por Geraldo Carneiro, pai. Ou, Geraldão Carneiro, como era conhecido. E fechando os poetas que fizeram letras para as músicas d'A Barca do Sol, o terceiro disco conta com Cacaso, falecido em 1987.

Lado A
1 A primeira batalha (Afonso C. Costa, Nando Carneiro)
2 Brilho da noite (Nando Carneiro, Geraldo Carneiro)
3 Arremesso (João Carlos Pádua, Nando Carneiro)
4 As boas consciências (Nando Carneiro, Geraldo Carneiro)
5 Caminhão (Afonso C. Costa, Daniel M. Campos, Nando Carneiro)

Lado B
6 Lady Jane (Nando Carneiro, Geraldo Carneiro)
7 Dragão da bondade (João Carlos Pádua, Nando Carneiro)
8 Alaska (Nando Carneiro, Geraldo Carneiro)
9 Fantasma da ópera (Maurício Costa, Geraldo Carneiro)
10 Corsário Satã (João Carlos Pádua, Nando Carneiro)
11 A Barca do Sol (João Carlos Pádua, Maurício Costa, Nando Carneiro)

"A Primeira Batalha", na realidade "Bordel Santa Luzia". Ocorre que a censura em nome da moral e dos bons costumes não permitiu que esse fosse o título. Imagine que bobagem! Era o tema mais familiar do mundo, pois trata-se de uma brincadeira de Afonso Costa que. à época, ao atender o telefone na casa da sua família, dizia: "Alô? Aqui é do Bordel Santa Luzia", em referência a sua mãe, que tinha esse nome – e, claro, não gostava nem um pouco da troça. Mas não passava disso. Com isso nasceu a letra dessa canção e seu nome original, que teve de ser trocado na gravação do disco.

Com essa variedade de canções, tornam-se claras a diversidade de temas, as ideias e as possibilidades ilimitadas de criação d'A Barca do Sol. Não há necessidade de recorrer a qualquer tipo de juízo de valor para afirmar a singularidade da poética desse grupo, quer seja porque ali existia uma consciência de não repetir nenhum estilo predeterminado, ou ainda porque os valores individuais, somados e filtrados pelo crivo da coletividade, levaram a este resultado musical. É possível traçar influências, referências sonoras, mas apenas até um determinado ponto. Não se ouve de maneira alguma Milton Nascimento, Som Imaginário, Piry Reis ou Egberto Gismonti. Por mais que todos esses nomes tenham sido citados dentre as coisas que eles todos ouviam, nada disso aparece explicitamente. Também não se ouve Beatles, Hendrix, ou qualquer grupo de rock progressivo daquela época. Jethro Tull? Também não, apenas pela presença da flauta? Seria como dizer que Emerson, Lake and Palmer soa Yes porque ambos usam sintetizadores.

Dentre os discos lançados no Brasil no ano de 1974, não há algo que se compare com A Barca do Sol, quer por sua diversidade musical ou pelo teor poético das letras de suas canções, principalmente se levarmos em consideração os discos que marcam o início de um grupo. Muitas vezes, erroneamente, é atribuído à A Barca o rótulo de rock progressivo. Não que este tipo de prática esteja fora daquilo que existe na Barca do Sol, mas principalmente porque não se limita a isso. Além do mais, a própria definição de rock progressivo é extremamente aberta e duvidosa, cabendo com mais acerto a determinados grupos *mainstream* da Inglaterra e dos Estados Unidos, cuja base é guitarra, baixo e bateria, e a estes são adicionados processamentos, instrumentos outros e principalmente sintetizadores de maneira a gerar uma sonoridade ora sinfônica ora de sons incógnitos no contexto dos instrumentos tradicionais. No contexto brasileiro algo que corresponde a essa descrição seriam grupos como Módulo 1000, A Bolha, ou ainda O Terço. Todos esses grupos citados têm por base os instrumentos: guitarra, baixo e bateria. A Barca do Sol, em contrapartida, nasceu do contexto dois violões e percussão, e ainda na sua forma quinteto, quando incorpora a flauta e um contrabaixo acústico continua a diferir da base do rock pelo uso do contrabaixo acústico ao invés do elétrico. Já na forma definitiva, como septeto, Marcelo Costa toca também bateria, e são acrescidos o violoncelo e finalmente uma guitarra elétrica, sendo que esta não é predominante, visto que Beto Rezende alterna entre violão, guitarra e viola de 10 cordas. Por esse motivo está claro que a sonoridade da Barca do Sol nunca foi centrada no rock.

O fato de a sua sonoridade central ser predominantemente acústica não quer dizer que seja melhor ou pior. Nem isso mesmo afastaria A Barca do Sol do contexto do rock progressivo internacional. Há exemplos como *Renaissance*, nos Estados Unidos, ou o *Popol Vuh*, na Alemanha, que trazem uma proposta mais acústica. Certamente, devido ao contexto político e social, há mais semelhança entre os grupos de rock progressivo alemão – às vezes denominado *krautrock* – do que com os grupos americanos. O rock progressivo alemão se apresentava como uma oposição ao pensamento político repressivo predominante naquela época. Posto dessa maneira, A Barca do Sol – ainda que não se enquadre na definição de rock progressivo

– não exclui a proximidade com esse gênero. Quanto ao uso de sintetizadores, isso é algo que aparece de maneira pontual. Curiosamente, no primeiro disco, a única música que faz uso deste tipo de instrumento é "Alaska", em que justamente este é tocado por Egberto Gismonti.

Algo digno de nota são as partes de violão. Em muitos casos parece que estamos ouvindo algo entre a música flamenca e a música medieval, como em "A Primeira Batalha", "Lady Jane", "O Dragão da Bondade", "O Fantasma da Ópera". São arranjos violonísticos que combinam uma forma de acompanhamento *rasgueado*, estilo espanhol – daí a proximidade com o flamenco – com o outro violão dedilhando os acordes em forma de arpejos. Isso resulta uma textura de elementos rítmicos e harmônicos sobrepostos na qual surgem fragmentos melódicos que se contrapõem sutilmente à voz e dão espaço para que a percussão possa se desenvolver.

"Lady Jane", como conta Nando, "foi composta de uma só vez, só queria fazer uma coisa que eu achasse bonita". Musicalmente, àquela época, ainda ecoavam no compositor as canções de Piry Reis, de onde Nando herdou aquele estilo de violão *rasgueado* em compasso ternário. Pode-se dizer que tudo o que ele ouvia ia se sedimentando e formando um processo de ebulição em que as suas músicas iam surgindo. O processo criativo às vezes passa por aí, muitas vezes tem menos de reflexão consciente e mais de explosão. O título ainda não existia, só ganhou esse nome devido à letra de Geraldo Carneiro.

Algo muito interessante sobre a estrutura musical de "Lady Jane", e de certa maneira uma das características musicais d'A Barca do Sol como um todo, é a ambiguidade rítmica. Trata-se de um jogo de acentuações. Não resisti em colocar uma transcrição da introdução de "Lady Jane", mas para aqueles que não são muito próximos da notação musical há outras maneiras de explicar – e talvez mais divertida, mesmo para aqueles que acostumados a ler música.

Imagine uma batida constante e conte até seis nessa batida: 1, 2, 3, 4, 5, 6. Pronto, você tem um compasso de seis tempos, ou quase. Agora vamos um pouco mais além. Continue contando até seis, mas bata o pé no 1 e no 4, assim: (1, 2, 3) (4, 5, 6). Perfeito, este é um compasso de seis tempos dividido em duas partes. Então, se você observar bem, vai ver que, ao suprimir os pulsos intermediários, ou seja, 2, 3, e 5, 6 vai ter duas batidas de pé lentas. Agora vamos complicar... Ao invés de bater o pé no 1 e no 4, bata o pé no 1, no 3 e no 5. Nesse caso, ao invés de duas batidas de pé, você vai ter três, e mais rápido. Se você conseguiu, parabéns, não é tão fácil quanto parece! Mas agora quando você ouvir de novo a música vai perceber que nesse trecho tem algo meio diferente... como se o pé quisesse bater mais rápido em alguns momentos e logo depois voltar. É isso aí. É dessa ambiguidade rítmica que eu estou falando. Isso acontece com frequência, é muito legal. Esse procedimento é um tipo de hemíola, e já existe na música há séculos. Mas A Barca do Sol é mestre em jogar com essa estrutura.

Outro exemplo, nesse caso, um fragmento de partitura da época mostra claramente esta ambiguidade na música "Lobo do Mar" (gravada muitos anos mais tarde). No trecho é possível ler a fórmula de compasso ¾ ou 6/8.

Fragmento da parte de flauta de "Lobo do Mar".

O guia de gravação que está reproduzido aqui foi elaborado pelo pessoal da Barca e ilustra o que acontece ao longo da música em cada um dos instrumentos. É uma notação do esquema da música, não no nível das notas, mas dos eventos. Hoje em dia é muito comum os programas de gravação usarem interfaces gráficas semelhantes. Então, de certa maneira, a Barca já antecipava uma visão da música em relação à gravação em muitas décadas. Veja, não é que a Barca tenha o crédito de ter inventado isso, pode ser que isso também tenha sido feito por produtores experientes – principalmente além-mar. Mas certamente isso não era muito comum. Então, ainda que não se possa afirmar que esse guia de gravação seja uma "invenção" do pessoal, certamente revela a inteligência em pensar dessa maneira.

"O Brilho da Noite" foi composta na mesma época que "Lady Jane". Originalmente o título era "Pico a Mula", mas, devido a questões da censura vigente imposta pelo governo militar passou a se chamar "Brilho da Noite". Uma espécie de antítese a "Lady Jane": se uma se propunha a ser bela a outra era a necessidade de um grito. Uma melodia que vai subindo cada vez mais até transformar-se literalmente em um grito. Era a necessidade de expressão. Nesse gráfico a linha contínua significa que um determinado instrumento está sendo tocado, enquanto a linha tracejada significa pausa. Observe que entre "Lady Jane" e "O Dragão da Bondade existe" uma ligação feita pelo som de sinos, e quase no final do "Dragão da Bondade" há a indicação de Gongo, e depois todos os instrumentos estão em pausa – enquanto dura o som do gongo – por fim, entra algo denominado "Faroeste", que é aquela passagem onde predomina o violino.

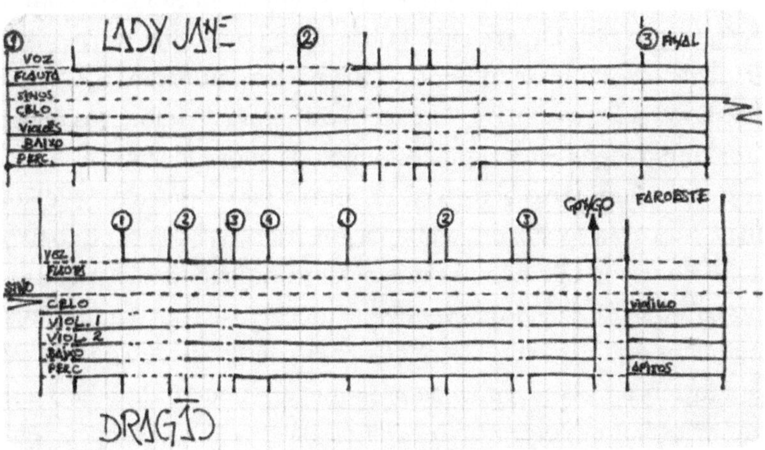

Guia de gravação de "Lady Jane" e "Dragão da Bondade".

Após a gravação do primeiro disco, Marcelo Bernardes recebeu a notícia de que a bolsa de estudos para a França, que havia solicitado antes de integrar o grupo, tinha sido aprovada, e optou por seguir este caminho. Com isso foi necessário arrumar outro flautista imediatamente, afinal, o disco estava pronto, e o show de lançamento, marcado. O substituto de Bernardes era um inglês chamado Richard Court, ou simplesmente Ritchie. Na época ele ainda tocava flauta e tentava conquistar o seu espaço no cenário musical do Rio de Janeiro, e foi aceito pela galera da Barca.

Na mesma época houve um certo impasse entre o contrabaixista Marcos Stul e o resto do grupo. Stul viria a ser substituído por Alain Pierre, amigo de Jaquinho. Alain, assim como Morelenbaum, vinha de uma casa musical. Se Jaquinho é filho do maestro Henrique Morelenbaum, e Alain Pierre não menos que filho do renomado pianista Homero de Magalhães. Ambos haviam se conhecido na escola de música Pró-Arte, onde Jaquinho já era regente do coral. Aliás, nesse mesmo coral cantaram muitas pessoas que estão, de uma forma ou de outra, relacionadas com a A Barca do Sol. Dentre elas, Olivia Byington e Bita Carneiro - irmã de Nando e Geraldinho - que participou tocando piccolo no show da Barca em Três Corações e é autora de inúmeros registros fotográficos[3] do grupo ao longo dos anos.Ocorre que Alain não tinha um baixo acústico, ele tocava baixo elétrico e violão, mas, para as necessidades da Barca, precisaria ser um contrabaixo acústico. Nada que não se pudesse dar um jeito, então Alain foi procurar algum lugar que vendesse um baixo acústico que, ainda mais importante, estivesse dentro das condições de compra de um jovem músico. Depois de procurar um pouco, ele achou um anúncio de um contrabaixo à venda na Rua Raul Pompéia, em Copacabana. Ao chegar no endereço, Alain deparou-se com a seguinte visão: era um quarto onde moravam umas 10 pessoas, um lugar completamente bagunçado, digamos... um muquifo, todo mundo dormindo junto, coisa esquisita. Depois do susto ele perguntou pelo contrabaixo, e um cara disse: "ah, tá ali em cima do armário". Ele foi e pegou, e veio apenas o corpo do instrumento.

3 Incluindo muitas das fotos creditadas neste livro.

Afinal, estava muito barato para ser coisa boa... Alain olhou e perguntou: "cadê o braço?". O cara respondeu: "ah, tá ali...", e depois foi buscar. Agora, avalie a situação: o corpo separado do braço, não tinha cavalete, não tinha cordas. Mas o argumento a ser considerado era mesmo muito importante, estava barato e, afinal, era o que ele podia pagar no momento.

O famoso contrabaixo do Alain (acervo de Alain Pierre).

Então no final das contas o Alain comprou aquele baixo, que ele mesmo colou e deu um jeito de colocar cavalete e cordas. Foi com este baixo que ele estreou n'A Barca! No clipe exibido pelo Fantástico, pode-se ver este instrumento, um contrabaixo magricela, bem pescoçudo, que chamava muita atenção. Eu mesmo sempre admirava, que contrabaixo legal! Nem eu, e nem mesmo o pessoal da Barca fazia a mínima ideia da história desse instrumento, pois o Alain só contou agora.

Em 1975, A Barca do Sol volta a Curitiba para um show no Teatro Paiol, local no qual no ano anterior haviam participado do Festival de Música. Na plateia um jovem flautista chamado David Ganc, também do Rio de Janeiro, que assim como o pessoal d'A Barca foi ao Paraná tomar parte no festival. David ficou encantado com o grupo, achou maravilhoso, mal sabia ele que meses depois estaria ele tocando n'A Barca. Isso porque Ritchie tinha ideias um pouco diferentes do que seria a sua participação no grupo. Embora não tenha acontecido nenhum desentendimento, foi ficando claro que os objetivos de vida musicais não eram os mesmos que o dos demais membros, o que levou Ritchie a deixar o grupo. Posteriormente ele iria integrar outro grupo bem conhecido no cenário carioca, o Vímana, e por fim tornou-se um cantor conhecido em todo Brasil com o hit "Menina Veneno". No fim das contas talvez fosse isso mesmo que ele estivesse buscando desde o início. Mas a passagem de Ritchie pela Barca não foi incólume, ele trazia toda uma discografia de rock progressivo e apresentou para o pessoal d'A Barca que ouviu com atenção, o que ajudou a ampliar o universo sonoro de referências musicais. E isso é extremamente importante, pois, ao contrário de muitos grupos dos anos 1970 que tomavam como base um determinado estilo musical, A Barca do Sol agregou essas referências; sem, contudo, ter nascido nesse contexto ou estar limitado a ele. Aliás, o termo rock progressivo é um grande guarda-chuva sob o qual muitas e diferentes coisas se abrigam. Não raro, quando existiam os discos de vinil e os CDs, encontrávamos A Barca do Sol no meio. Mesmo hoje, nos *blogs* ou nas reportagens, o grupo é citado como sendo rock progressivo. Porém está muito claro que isso não procede, tanto porque as referências musicais e objetivos não se reportam a esse gênero, como também porque a base do grupo não é guitarra, baixo e bateria – o *power trio* base do rock. De fato, qualquer referência ao rock progressivo só veio a acontecer a partir do segundo disco.

Desde que o verão do amor surgiu no ano de 1967, em San Francisco, ele ganhou o mundo através das ondas que se formavam ao longe. Uma dessas quebrou na praia de Ipanema quando, em 1969, se anunciou que seria construído um emissário submarino com o objetivo de "melhorar" o saneamento básico da cidade, resolvendo o problema do esgoto. Como tudo no Rio é, de certa forma, paradoxal, essa obra viria a acarretar a contaminação do mar, mas, para sua construção, era necessário um píer – que deixou o local propício para a prática do surfe – que tinha por objetivo instalar a tubulação. Além disso, com a retirada de areia para fazer a obra, formou-se uma duna que não tardou atrair a juventude. Foi nessa mesma onda que o primeiro disco da Barca surfou após ser lançado em dezembro de 1974. O Brasil, ainda em pleno governo militar, vivia a crise do petróleo, que fazia tudo ficar mais caro, inclusive os discos.

George Ellis
e Discos Continental
convidam para o show de lançamento
do grupo **A Barca do Sol.**
Dia 2 de Dezembro - 21:30 hs.
Teatro da Galeria
Rua Senador Vergueiro, 98

Convite para o show de estreia do primeiro disco

Antes dos *shopping centers*, existiam as galerias. Eram geralmente lugares de trânsito de pedestres entre uma rua e outra, onde havia uma grande quantidade de estabelecimentos comerciais dos mais variados ramos. Um conceito, como muitos, importado da Europa, como no caso da famosa Galeria Lafayette, em Paris, lugar onde até hoje se compra toda sorte de artigos pessoais, além de uma infinidade de bugigangas que os turistas tanto amam. No Brasil as galerias eram, a exemplo dos *shoppings* dos dias atuais, lugares da moda, das mais variadas tendências. Por exemplo, galeria da Siqueira Campos, hoje chamada de Shopping dos Antiquários, onde ficava o famoso Teatro Tereza Raquel, onde aconteceram shows antológicos da Barca e de Egberto Gismonti com a Academia de Danças.

Show de estreia: Jaquinho, Beto (ao fundo, à esquerda), Marcelo (ao fundo, à direita). O gongo e os equipamentos de som eram alugados; a caixa acústica (abaixo do gongo) supostamente deveria ser um retorno para a percussão, mas, depois de muito reclamar da falta de volume, no fim das contas, Marcelo percebeu que ela estava vazia. (Foto de Bita Carneiro.)

No bairro do Flamengo havia uma dessas galerias, bem mais prosaica em termos de comércio do que a Galeria Lafayette, ou mesmo que muitas outras do Rio, mas ali ficava o Teatro da Galeria. Um teatro aconchegante e ao mesmo tempo elegante. Nesse espaço, no dia 2 de dezembro de 1974, aconteceu o show de lançamento do disco A Barca do Sol! Esse show, como diz Marcelo Costa, "foi o ápice de tudo aquilo que vinha sendo feito". E, de fato, tudo estava à altura da ocasião. Além do público cativo da Barca, havia muita gente que ouvira falar d'A Barca. Dentre essas pessoas estavam Cris Wood e Jim Capaldi, integrantes do lendário grupo de rock *Traffic*. Capaldi era um cara que frequentava o Brasil naquele ano, e posteriormente casou-se com uma brasileira, em 1975, passando a morar na Bahia anos depois. Ao ver Marcelo tocar ele disse que ele lembrava o percussionista do *Traffic*.

Foto do primeiro show da Barca no Teatro da Galeria, no dia 2 de dezembro de 1974. (Foto de Bita Carneiro.)

Era uma segunda-feira, um segundo show foi realizado exatamente uma semana depois. Apesar de terem o disco gravado, algo importante naquele tempo para a carreira de um grupo, as coisas não foram fáceis. Não havia verba disponível para pagar o transporte dos equipamentos, nem o técnico de som ou o iluminador. Esse dinheiro teve de sair o bolso de cada um. Para solucionar essa questão, durante uma reunião, foi discutido e aprovado por todos, que deveria haver um fundo de reserva do grupo destinado a equipamentos.

Em janeiro de 1975, no mesmo lugar da estreia do show de lançamento disco – Teatro da Galeria –, foi feito ainda mais um show. Em 1º de fevereiro eles foram para Curitiba. Na realidade, ao longo daquele ano foram 49 shows entre Rio de Janeiro, São Paulo, Curitiba e Brasília. Além de 14 participações em programas de rádio ou televisão, incluindo três apresentações no Fantástico, que na época era a principal atração semanal em termos de programa de variedades. Muito embora em termos de números não seja algo significativo, é preciso lembrar que os shows eram produzidos pelo próprio grupo. Isso em uma época em que toda divulgação era feita praticamente corpo a corpo. Não sei se necessariamente propaganda é a alma do negócio, mas é preciso informar onde e a que horas você vai tocar para que as pessoas possam ir. Apesar de ter gravado um disco, e isso ser extremamente importante na época, A Barca do Sol nunca contou com uma estrutura de produção e divulgação de massa. Aliás, o material promocional era confeccionado pelos integrantes. Desde filipetas, camisetas, faixas, até cartazes. Tudo, absolutamente tudo, era feito na base de telas de *silk-screen* e mimeógrafo; e depois era distribuído de mão em mão ou colado em muros. O QG era na Rua Farme de Amoedo, no quarto dos irmãos Marcelo e Muri.

Agora, vamos fazer um exercício de imaginação... não existia internet, é claro. Logo, colar cartazes e distribuir *flyers* na praia de Ipanema evidentemente não era de grande alcance. Mas era de grande eficiência na zona sul carioca! Foi assim que a Barca encheu teatros, vendeu discos e se tornou mais e mais conhecida. Então,- seria possível ir à praia, falar para o pessoal e também distribuir um material com data e endereço dos shows.

Fachada da casa onde morava a família de Muri e Marcelo.
(Acervo da família Castro Costa.)

O primeiro lugar onde foi colado um cartaz foi ali mesmo, no portão da casa de Muri e Marcelo. Com a linha de produção funcionando, e os materiais secos - sim, porque demorava para secar, havia varais pendurados no quarto com os cartazes secando -, era hora de sair e distribuir. Outra tarefa complicada, aliás, mais perigosa do que complicada, pois, em plena ditadura militar, cabeludo, barbudo, distribuindo panfleto na praia ou na rua, era convite para ser abordado pela polícia; o que evidentemente acontecia. Mas quando eles viam que era coisa de show e coisa e tal... e não de "comunista", a situação melhorava. Só até certo ponto, é claro, pois *hippie* também não era gente bem vista. Mas, tirando isso, panfletar era uma atividade até social, digamos. Principalmente ali perto do posto 9, em Ipanema, onde sempre rolava um clima pitoresco.

A propaganda se mistura um pouco com os personagens e vira uma coisa folclórica. Lembro-me de esperar um determinado vendedor de picolé passar só para escutar o jeito que ele entoava a frase: "É o dragão chinês!". Jamais comprei um picolé desses, primeiro porque já não sou o maior fã de picolé, depois porque depois de alguns segundos no sol ele escorria e se transformava em um palito com um resto de gelo pendurado e uma tinta qualquer escorrendo pela sua mão. Não é que fosse ruim, fazia a alegria de muita gente, mas nesse caso eu preferia mesmo um sacolé, porque o saquinho protegia o gelo e durava mais tempo. Mas, seja lá qual for o seu gosto: picolé, suco de limão, mate gelado, biscoito Globo., ou qualquer outra coisa, tudo isso circulava no ar em Ipanema, e se não comprei Dragão Chinês, comprei muitas outras coisas, e ficava sabendo de outras tantas que rolavam. Panfletar em Ipanema, nos anos 1970, era uma maneira democrática e cordial de transitar entre a fauna local e os milhares de turistas que iam e vinham na areia.

Se, àquela época, Ipanema ainda era o cartão postal de um Rio alegre, cosmopolita e próspero, a Rede Globo já havia também conquistado o seu *status* nacional. A televisão colorida havia chegado no Brasil em 1972, mas devemos lembrar que poucas famílias tinhas acesso a este recurso. Mesmo com a Copa do Mundo de 1974 impulsionando a venda de aparelhos, a maior parte ainda era preto e branco, e não eram raros os casos em que toda a família se reunia aos domingos na casa de alguém para assistir ao jogo e, quem sabe, um pedaço do Fantástico! Pois muitas famílias não dispunham de nenhum aparelho de TV, quer fosse colorido ou preto e branco. Pensar nisso revela uma certa semelhança entre um pedaço de areia onde se distribuía panfletos para todo mundo e a televisão, que difundia imagem e som para o Brasil inteiro; mas nem todos tinham acesso. É mais ou menos como se Ipanema fosse o Brasil e o Brasil fosse Ipanema, pois nas décadas seguintes a televisão no Brasil seria a Rede Globo, para quem o mundo era o Rio de Janeiro.

Apresentação no Fantástico. Da direita para a esquerda: Ao fundo, Jaquinho, Alain, Nando, Muri, Marcelo (em pé), Beto (percussão) e Ritchie (flauta).

E foi exatamente nesse momento que a Barca do Sol fez sua primeira participação na parte musical do Fantástico. Também apareceu em rede nacional de televisão no programa Fantástico. Não é fácil para um grupo novo, que não contava com a equipe de uma grande gravadora, ter acesso a uma emissora de destaque como a Rede Globo. Mas por felicidade, Geraldo Carneiro, pai de Nando e Geraldinho, conhecia o diretor de jornalismo Evandro Carlos de Andrade. Em um telefonema tratou de estabelecer um canal de comunicação com Cícero de Carvalho, responsável pela agenda do programa Fantástico. Dali em diante as conversas evoluíram até surgir a oportunidade de gravar um número musical. Na época o VT[4] não estava muito desenvolvido, no sentido de

4 VT é abreviação de *videotape*. Trata-se de gravar o material para ser exibido depois, que é um conceito completamente anacrônico para nós, no século XXI. Mas, no início dos anos 1970, era relativamente novo no Brasil, quando a maior parte dos programas era totalmente ao vivo.

que gravação e edição tinham de ter muita sincronia, que não dependia das máquinas, mas dos artistas. O áudio era reproduzido e a *performance* era dublada, com as câmeras filmando como se fosse ao vivo. O formato videoclipe estava apenas começando, e, diferentemente da produção dedicada a alguns números musicais em anos anteriores, a maior parte das atrações musicais consistia da *performance* em um cenário.

E foi exatamente nesse momento que A Barca do Sol fez sua primeira participação na parte musical do Fantástico. O diretor Nilton Travesso ficou muito impressionado com a precisão que o pessoal demonstrou em fazer o processo de gravação, o que rendeu à Barca mais um convite para gravar uma homenagem a Sílvio Caldas alguns meses depois.

É difícil dizer o quanto a aparição no Fantástico contribuiu para a visibilidade do grupo. Sem dúvida um programa de rede nacional é uma vitrine inestimável para qualquer artista, mas é preciso considerar também que não é apenas um único fator que determina a relação com o público.

Existia, na realidade, toda uma máquina por detrás da divulgação dos artistas e dos discos, e essa estrutura pertencia à indústria fonográfica. Não era mágica, apenas um pouco de estratégia de *marketing*, visão de mercado e dinheiro para gastar em promoção. Coisas que a Barca não tinha, principalmente dinheiro para investir. Claro, o disco havia sido realizado por uma gravadora, a Continental. Mas esta estava muito longe de ser uma multinacional, e o produto musical da Barca não era a especialidade da Continental. Não se trata de lamentar sobre a falta de recursos, as coisas são como são. Já era difícil um grupo novo, que ainda por cima não pertencia a nenhum gênero comercial do momento, conseguir um contrato para gravar, de tal forma que as condições nunca seriam perfeitas. Quando analisamos, à luz de muitas décadas depois, é possível supor e até mesmo propor diversas situações que no momento não se revelam. Também não é possível saber o quanto a exposição em um programa de rede nacional contribui ou não para a divulgação. Hoje, tendo acesso a todas essas gravações por meio do *Youtube*, penso que o grande legado do Fantástico tenha sido registrar em *videotape* este material, pois de outra forma dificilmente teríamos acesso a ele.

Não há dúvida de que a divulgação massiva por um programa de grande audiência tenha contribuído para impulsionar as vendas de discos, mas não podemos saber em que proporção. Provavelmente as vendas dos discos devem ter aumentado momentaneamente, algo que nunca saberemos, pois àquela época não havia numeração de controle – ou oficialmente isso não era informado pela gravadora. Quando perguntei ao Nando quantos discos foram vendidos, ele me disse que esse dado nunca foi divulgado pela gravadora, ou seja, pode ser que a vendagem tenha sido maior do que se imagina. Pessoalmente eu acredito que sim, pois ninguém faz a reedição de um disco que não vende, e o primeiro disco teve três reedições tanto em LP quanto em CD (em diversos anos).

Mas nem só de Fantástico vive o mundo, e por isso a Barca procurou todos os lugares possíveis para divulgar o trabalho. Foram muitos programas de rádio e televisão em diversas emissoras do Rio de Janeiro e de São Paulo: Rádio Eldorado, TV Tupi, Rádio Cultura, TV Gazeta, TV Bandeirantes, dentre outras. Tudo intercalado com a agenda de shows, é claro. O repertório dos shows daquele ano era formado basicamente pelas músicas do primeiro disco. Por exemplo, durante o show realizado na PUC, no dia 24 de maio de 1975, um sábado às 21h, o *setlist* era composto das seguintes canções:

1. Fantasma da Ópera
2. A Barca do Sol
3. Arremesso
4. Brilho da Noite

5. Alaska
6. Primeira Batalha
7. Caminhão
8. Lady Jane
9. Dragão da Bondade
10. Corsário Satã

No caso em questão, todas as músicas são do primeiro disco. Esta informação é proveniente de um documento que deveria conter o nome dos músicos e a lista das obras a serem apresentadas, o qual deveria receber um carimbo e a assinatura do responsável pelo serviço de diversões públicas. O repertório proposto foi aprovado, exceto a canção "Primeira Batalha", que já era perseguida desde a gravação do disco quando se chamava "Bordel Santa Luzia". Na realidade, acho que a coisa de vetar essa canção tem mais a ver com aquela coisa de ver monstros nas sombras. O nome foi alterado para que pudesse figurar na capa do disco, mas a letra permaneceu igual. Agora, já com o nome que fora aprovado para o disco e já apresentada anteriormente, a canção é vetada para este show. Desnecessário prosseguir nesse sentido, a censura é uma leviandade absurda.

Ao todo foram 47 shows no ano de 1975, dos quais 24 foram no Rio de Janeiro e 19 em São Paulo, somente um em Brasília, um em Curitiba e outro em Petrópolis. Com as atividades concentradas no eixo Rio-São Paulo, e devido à divulgação em rádio e televisão, o público se diversificou. A Barca do Sol é um grupo eminentemente carioca, não em questão de música, nem bairrista, mas no sentido de que nasceu e formou seu público ali. Antes de mais nada devemos lembrar que toda cultura decorre de um contexto social e, no caso, esse era a contracultura da zona sul carioca. As coisas são assim, nascem em um determinado lugar – podem migrar, é claro – e se desenvolvem segundo vai sendo absorvido pela comunidade. Este é um conceito fundamental da etnomusicologia aplicado à música popular, e muito análogo a outros acontecimentos sociais.

Quando falo aqui deste fenômeno não estou me referindo apenas à relação com o público. Também devemos considerar que um artista não vive apenas da venda de discos, os shows representam não somente grande parte da renda, bem como da própria visibilidade artística. Dentre os 49 shows realizados no ano de 1975 pela Barca do Sol, 36 deles foram realizados no Rio de Janeiro! Então, é bem claro que a divulgação boca a boca era, talvez, até mais eficiente do que uma única apresentação no Fantástico. De certa forma, essa "territorialidade" é uma característica importante. Não porque o grupo fizesse uma música que é local, mas porque fazia uma música universal para um público local. E não deixa de ser paradoxal que o grupo tenha se constituído como septeto em Curitiba, sendo todos do Rio de Janeiro. O fato de que todos fossem do Rio, e alguns muito próximos já desde muito cedo, não interferiu na presença de outros membros. Por exemplo, Marcelo Bernardes foi sucedido por Richard Court (Ritchie), um inglês que estava há apenas alguns anos na cidade, e que a rigor pouco ou nada tinha em comum com o pensamento do grupo, mas foi acolhido e participou de quase todos os shows de 1975, até que ele mesmo, Ritchie, concluiu que o seu caminho - pessoal e musical - era muito diferente.

Muito embora a maior parte das apresentações tenham sido no Rio, a Barca fez algumas apresentações país adentro. Em fevereiro voltou a Curitiba, um ano após o Festival onde o septeto se formou, para um show no Teatro Paiol, já conhecido pelo grupo. Mas dessa vez foi diferente, já haviam gravado um disco e traziam mais experiência. A imprensa curitibana elogiou o trabalho do grupo, e o destacou como um dos grandes frutos do festival 1974. Da capital paranaense seguiram para o litoral para tocar no

I Festival de Rock da Praia do Leste, localizada no município de Matinhos. Foram serra abaixo de trem e voltaram de carro. De volta ao Rio cumpriram uma série de shows na cidade, a começar pelo Teatro da Galeria, onde haviam feito o show de lançamento.

Nesse mesmo ano o grupo, que já era destaque do cenário musical, foi convidado a integrar o mais importante festival de música alternativa do ano de 1975: o Banana Progressiva, que aconteceu em São Paulo entre o fim de maio e o início de junho no Auditório da Fundação Getúlio Vargas. No dia 31 de maio, um sábado, a Barca subiu ao palco.

Cartaz promocional do Festival Banana Progressiva.

O cartaz, aliás, muito sugestivo, com suas cores, estrelas em um fundo negro e cogumelos oníricos, anunciava todo o elenco do festival, patrocinadores, produção, e o preço a CR$25,00. Nessa época, apenas para fazermos uma comparação do tipo custa tantos Big Macs - já que não havia esta rede de lanchonetes por aqui - vamos comparar com o preço de uma revista semanal que custava cerca de CR$12,00. Então, o ingresso custava duas revistas. Não era nenhuma fortuna, mas ao mesmo tempo era necessário abrir mão de alguma coisa para comprar o ingresso. Isso não é negativo, o show tem um custo, um valor.

O Festival Banana Progressiva foi organizado pela Trinka Produções, mais especificamente por Fernando Tibiriçá, um produtor muito importante na cidade de São Paulo. Este festival, muitas vezes denominado como *underground*, era na realidade uma grande mostra do que se fazia em termos de vanguarda. São Paulo, aliás, tem esse caráter da vanguarda cultural, algo que iria culminar na chamada Vanguarda Paulistana anos depois.

Para quem quiser fazer uma viagem para dentro deste festival existe o documentário Banana Progressyva (sic) feito a partir de trechos de filmes em Super-8 e inclui uma entrevista com Tibiriçá. Neste filme é possível ver um trecho da apresentação da Barca tocando "Bordel Santa Luzia" ou "A Primeira Batalha". Infelizmente o áudio está completamente fora de sincronia com a imagem. Mesmo assim é um registro interessante. Possivelmente é uma das últimas participações de Ritchie. Ele não estava muito a fim de tocar flauta, queria cantar, e cantar em inglês! Era novamente preciso arrumar outro flautista. Léo Gandelman tocou algumas vezes, pensaram também na possibilidade de Marcelo Bernardes voltar, mas não rolou.

Nesse mesmo evento apresentou-se o Vímana, outro conhecido grupo carioca que contava com Lulu Santos, Lobão e Ritchie, que havia saído da Barca havia alguns meses. Sem dúvida a afinidade de Ritchie com o Vímana era bem maior do que com A Barca do

Sol, talvez a maior contribuição da passagem de Ritchie pelo grupo tenha sido apresentar o som do *Gentle Giant*. Afinal, não é por acaso que Ritchie, sendo inglês, havia sido convidado a integrar o Vímana que tinha pretensões de tornar-se o novo Yes, ou Yes "brasileiro". A Barca do Sol, muito pelo contrário, não pretendida parecer-se com absolutamente nada que não aquilo mesmo que eles estivessem criando. Assim, ela transitava entre o festival *underground* de rock progressivo com a mesma naturalidade que no mesmo ano voltaria ao Fantástico em uma homenagem a Sílvio Caldas, ou ainda um show no Olaria com Pepeu Gomes e a Banda Black Rio.

No meio de toda essa movimentação de shows e programas de rádio e TV, o som continuava rolando na casa da família Carneiro e na da família Costa, onde eram os ensaios. Mas começava a ficar claro que não daria para continuar a ensaiar em casa por muito tempo. Apesar da imensa paciência dos familiares, não era justo entulhar a casa de equipamentos e instrumentos. Com a profissionalização do grupo os compromissos aumentaram, e consequentemente a quantidade de ensaios, reuniões, materiais de divulgação e coisas afins, também.

Ensaio na casa do Nando. Da esquerda para a direita: Jaquinho, Alain, Muri, Nando.

Após alguns lugares transitórios, Muri conseguiu um lugar, uma casa com área verde bem grande no Alto da Gávea, na rua Rua João Borges. Lá havia um caramanchão na área externa, onde o pessoal ensaiava. Trata-se de uma propriedade da família Canto e Melo, proprietária das Óticas Fluminense. Muri conseguiu, por intermédio de uma senhora desta família, cujos filhos eram seus alunos de violão. Era um lugar agradável, e foi um bom lugar de ensaio. Porém, a família resolveu alugar a propriedade para eventos, e a Barca foi obrigada a procurar outra solução.

Um novo lugar de ensaio foi providenciado, um espaço cedido pela ASA (Associação Sholem Aleichem), em Botafogo. A avó de Jaquinho foi uma das fundadoras desta associação, o que facilitou o contato. Ali havia um senhor responsável pelo lugar, que não era necessariamente um fã da Barca do Sol. Ele se referia ao som da Barca como sendo *Katzmusik*, algo que quer dizer, ao pé da letra, música de gatos, e é uma expressão muito comum na Alemanha e na Polônia, de onde veio a maior parte dos judeus que se instalaram no Brasil pós-Segunda Guerra. Não deixa de ser interessante, por meio desse comentário, observar como a cultura europeia mais tradicional era, de certa forma, avessa às novas manifestações. Eu me lembro de que, há muitos anos, o Egberto disse em uma entrevista no rádio que o Tom Jobim o aconselhou a ficar no Brasil e gravar um disco, ao invés de aceitar a bolsa de estudos para se tornar pianista "clássico". Não que o Tom Jobim tivesse qualquer preconceito com esse gênero musical, mas essa divisão era, e ainda é, uma coisa muito enraizada. No final das contas, o que quer dizer música popular? Pode-se evocar centenas, talvez milhares de livros e trabalhos acadêmicos para definir isso, mas no fundo é apenas uma entre tantas maneiras que as pessoas encontram de colocar etiqueta em tudo. E a tal *Katzmusik* do senhor Moishe? Bem... costuma-se arrumar algum adjetivo qualquer para as coisas que não entendemos ou de que não gostamos. Mas, em uma coisa o senhor Moishe acertou, mesmo sem ter intenção ou nem mesmo saber: a música da Barca do Sol veio para ser diferente.

Diferente também quer dizer não estar em nenhuma "caixinha", necessariamente. E como o rock progressivo estava na moda entre os *cults* do meio dos anos 1970, quase todas os tipos de música que não se sabia bem como classificar eram colocados nessa categoria. Claro, a Barca tinha um certo viés de rock progressivo, mas não era. Por intermédio de Jaquinho foi convidado para fazer teste um flautista chamado David, que Jaquinho conhecia da Pro Arte, uma escola de música bastante importante no Rio de Janeiro. Chegou, bateu um papo, tocou... e no final rolou até uma pelada! E o teste? David pensou: "acho que eu estou dentro, porque a pelada foi boa!". E realmente estava, ele era oficialmente o novo flautista da Barca do Sol.

Com a entrada de David a Barca estava completa novamente para continuar a navegar.

Foto de uma das agendas de David Ganc (foto minha). Detalhe: o nome Tricia era de uma aluna de flauta do David, mantive o número de telefone porque a essa altura não há por que se preocupar, é um antigo número de telefone fixo com sete algarismos, não vai dar mais em lugar nenhum.

O verão de 1976

"Tempo bom, com ligeira instabilidade", assim dizia a previsão do tempo no dia 2 de janeiro de 1976. "O sol dominou o primeiro dia do Ano Novo no Rio e levou muita gente às praias, apesar do vento forte, pela manhã, da areia suja e dos excessos das comemorações do dia 31 de dezembro" (**Jornal do Brasil**, 2 de janeiro de 1976, p. 1). O ano prometia ser movimentado também para a Barca, chegara a hora de gravar o segundo disco. Depois de haver passado um pouco mais de um ano do lançamento do anterior, gravar o segundo parecia uma continuidade, afinal, quando o contrato foi assinado, já previa a gravação de um novo disco após o primeiro. Mas evidentemente A Barca do Sol não iria repetir o que já havia sido feito.

Logo no início de 1976 a Barca começou fazendo um show na Escola Israelita Brasileira Eliezer Steinbarg, hoje Escola Israelita Brasileira Eliezer Steinbarg Max Nordau, ou apenas Escola Eliezer Max. A grande novidade deste show é que foi a primeira vez que a Barca se apresentou com uma bateria, além da percussão. Marcelo, a partir dessa data, passa a tocar também bateria, mas, paradoxalmente, ao invés de Beto tocar mais percussão, ele passa a assumir cada vez mais a guitarra (seu instrumento original). Assim o timbre do grupo acaba por se ampliar um pouco, não perde o caráter acústico do primeiro disco, mas acrescenta bateria e aumenta a participação da guitarra.

Destaque para o Beto tocando guitarra, com David na flauta ao fundo. (Foto de Bita Carneiro)

Nesse ano foi lançado *Durante o Verão*, o segundo disco da Barca, um disco que é ao mesmo tempo uma continuação do primeiro e uma ruptura. Muitas das músicas já existiam, e até poderiam ter sido gravadas no álbum anterior, por isso é uma espécie de continuação. Entretanto, a direção é outra, já começando pela capa. A produção de Geraldo Carneiro aponta para um lado mais experimental. Por exemplo, o início de *Memorial Day* foi idealizado pelo imortal escritor. A própria sonoridade, apesar de ainda calcada nos violões, já abre para a inclusão de bateria e baixo elétrico. Mesmo assim é preciso ter em mente que A Barca do Sol nunca foi um grupo de *rock*, as influências não eram os grupos americanos ou britânicos. Evidentemente as referências principais, como Beatles, estavam sempre presentes, mas isso é válido também mesmo para uma onda anterior, como o Clube da Esquina. Mas também, principalmente por intermédio de Ritchie, o Gentle Giant era escuta presente. Alain conta que gravou em fitas de rolo todos os discos que havia emprestado de Ritchie.

Muitas das canções gravadas nesse segundo disco já haviam sido compostas havia muito tempo, algumas são da mesma época do primeiro disco. Por exemplo, "Banquete" se chamava originalmente "Falcão". A música tinha sido composta por Jaques naquele mesmo violão que ele levou para Curitiba; aliás, ela foi composta para uma garota que ele conheceu no festival. Tratava-se de uma menina que possuía um olho de cada cor, ou, em termos mais técnicos, heterocromia. Não é nenhuma doença, apenas uma condição genética razoavelmente rara, por volta de 6 em cada 100 pessoas, e que não deixa de ser poético sob um certo aspecto. Rara mesmo, e impossível de colocar em números, é a probabilidade de fazer nascer uma canção interessante que iria encontrar na pena de Geraldinho Carneiro as palavras que vão muito além da garota com perfil de falcão e olhos contrastantes. A música, agora com a letra, transformou-se em "Banquete" e tomou um outro caminho.

Banquete

Me deixa sonhando o dia inteiro sem querer
Com um som de pratos esperando acontecer
E você parada sem se tocar
E você calada sem respirar
E você cantando
She's leaving home e Up from the skies
Uma canção falada demais
Com um gosto amargo em minha boca sem querer
No centro da sala esperando acontecer
E você parada sem se tocar
E você calada sem respirar
E você cantando
She's leaving home e Up from the skies
Uma canção gelada demais

A letra dessa canção propõe a oposição entre a expectativa e uma imagem estática que por fim conclui com a referência a

Beatles e Hendrix. A primeira referência é explícita, visto que *Banda dos corações solitários* é uma tradução *ipsis litteris* de *Lonely heart club band*; e outra está na frase "e guardando a ilusão de um certo verão de anos atrás", da letra de "Banda dos corações solitários", na qual possivelmente se refere ao chamado "verão do amor", que aconteceu em 1967, ano em que foi lançado o álbum *Sgt. Pepper*. Muito embora essa canção, "A Banda dos Corações Solitários", nunca tenha sido gravada pela Barca do Sol, mas, sim, por Olivia Byington no seu primeiro disco, do qual A Barca do Sol toca em quase todas as faixas. Por isso o texto dessa música é aqui citado, porque reflete o pensamento poético e literário no qual o grupo se insere.

O destaque dessa canção, na parte musical, vai para um *fugato* entre a flauta e o cello, que além da complexidade melódica criada pela sobreposição das linhas possui uma intrincada combinação rítmica. Isso é uma beleza! Aliás, essa ambiguidade métrica é uma forte característica nas músicas da Barca.

O LP Durante o Verão foi gravado no Estúdio Level em 16 canais por um engenheiro de gravação já bem conhecido não somente no cenário brasileiro mas também internacionalmente. Nessa mesma época também estava gravando no Estúdio Level o disco *Casa do Rock*, do grupo *A Casa das Máquinas*. Embora tanto a Barca quanto A Casa das Máquinas tivessem o mesmo engenheiro de som, Don "Pipe" Lewis, um americano que aportou no Brasil e rapidamente tornou-se presença constante nas produções de ponta, os dois discos nada têm em comum. Mas é certo que Don Pipe trouxe muita experiência, e a qualidade sonora cresceu bastante. O equilíbrio entre os planos de gravação é bem superior do que no trabalho anterior, em parte por causa da quantidade de canais disponíveis. Mas não somente isso, desde a captação até a masterização todos os detalhes soam muito mais claros. Os vocais, por exemplo, soam muito equilibrados.

No estúdio, durante uma das sessões de gravação aconteceu um episódio pitoresco. Don Pipe parou a gravação para acertar alguma coisa, algum tempo depois – e lembremos que algum tempo pode ser muito tempo –, ele abre o microfone do aquário de gravação e escuta um zumbido. Acha estranho... e chama: David, David? Sem resposta nenhuma, resolve ir lá olhar o que aconteceu. O zumbido era o David roncando! David foi acordado pela galera em volta dele, deitado no chão de sua casinha de gravação, dando risada! Pensando bem, esse zumbido poderia até ter entrado como parte de *Memorial Day*, ou então de *Karen*. Se é que não entrou, e o Don Pipe não contou para ninguém, só de sacanagem. Mas, claro, isso só na minha imaginação, ou na sua. Porque é assim, cada um ouve o que quer nesse momento. Além das frases mais destacadas como a antológica, "Alain, aperta outro aí,.. só mais um, só mais um", há um mundo de palavras e sons que ouvimos e outros que supomos ouvir.

No fim, a idealização de Geraldinho Carneiro, somada à capacidade técnica de Don "Pipe" Lewis, permitiu que a A Barca do Sol realizasse um trabalho bem mais elaborado, em termos de produção sonora, do que o primeiro. Isso não quer dizer, entretanto, que o primeiro disco seja inferior ao primeiro. Ele é diferente. O primeiro disco possui a marca das canções de juventude, dos ensaios (ainda em trio), do Festival de Curitiba. Foi um disco muito sonhado, finamente produzido por Egberto Gismonti. De maneira geral, e muito subjetiva, não deixa de ser um disco mais pesado do que o anterior. Extremamente interessante, porque consegue alternar temas luminosos como em "Durante o Verão" a outros mais soturnos e enigmáticos como "Belladona", "Lady of the Rocks".

Você pode mexer com as quatro cabeças
Sem que elas tragam algum malefício
Sem que elas exalem o cheiro terroso das raízes

Você pode mexer com as quatro cabeças
E ocultá-las
Sob o lençol debaixo das telhas - (2X)
Você pode espremer as quatros cabeças
E fazer com que escorra
Sem o teu caldo grosso
Para dar de beber aos estranhos
Para dar de beber à família
Para dar de beber...
Você pode dançar sobre as quatro cabeças
Sem que sintam sua falta num jantar de bodas
Sem que sintam sua falta
Depois você se tranca no quarto
E põe um disco na vitrola, na vitrola.

Aliás, nesse disco temos dois lados distintos da poesia de Geraldo Carneiro, um mais ensolarado e outro mais soturno, algo que certamente já estava presente no primeiro disco, mas que nesse segundo aparece de maneira mais acentuada ao longo de todo o álbum.

A canção "Durante o Verão", apesar da sua luminosidade solar, apresenta algo intrigante para os ouvintes. Normalmente, nas canções, a divisão rítmica segue um padrão ternário ou binário (podendo muito frequentemente também ser quaternário). Todavia, um padrão que mistura esses dois é bem mais raro. E é exatamente o que acontece em "Durante o Verão". A estrutura métrica dessa música segue uma alternância entre três e quatro, perfazendo assim um total de sete batidas. Para ficar mais claro, vamos pensar em termos de acentuação na métrica do texto. Vamos tomar a primeira frase desta canção: "Quero lhe dizer um dia tudo, que um dia eu não falei". Musicalmente a divisão fica da seguinte maneira:

Quero lhe dizer um | dia| Tudo que um dia eu| não falei|

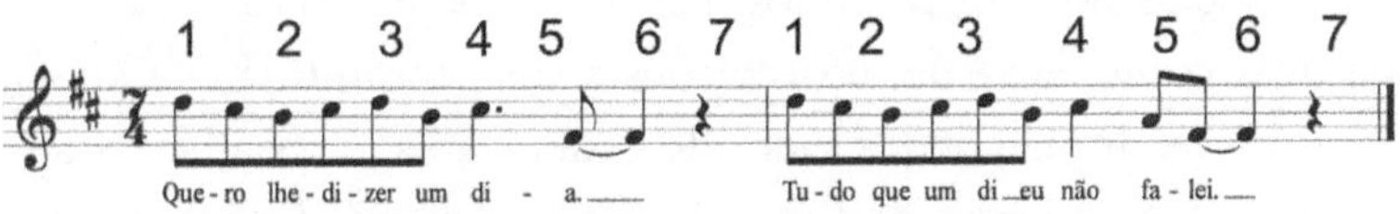

e escrito diretamente em 7

Para sentir como é isso é fácil. Ouça a música e bata palmas (ou o pé) na pulsação e observe que a cada três batidas vem uma espécie de acento, e depois de quatro batidas vem de novo um três e depois um quatro..., e assim por diante.

Essa canção é extremamente interessante pois, apesar de aparentemente simples, é uma mistura de várias referências rítmicas, tal qual a letra sugere: rumba, samba, rock'n' roll (ainda que rock não esteja realmente presente). Essa mistura não está nessa métrica de 7/4, mas na inserção de pequenos padrões, como a cuíca do samba e o bongô da rumba. Sobre a rumba também pode-se destacar esse padrão que aparece no início de cada compasso de 4/4.

Em termos de instrumentação também temos mudanças bastante significativas. Beto passa a tocar mais guitarra, o som do baixo elétrico confere mais peso e profundidade nas gravações, e, claro, a bateria sem dúvida ajuda a completar uma sonoridade mais rock. Pela primeira vez a Barca possui uma formação baseada no *power* trio, e dessa forma, junto com o cello, que também usava pedal de distorção e a flauta se aproximam de algum tipo de rock progressivo, o que é apenas mais uma faceta estilística em todo o contexto musical da Barca.

Todas essas influências e mudanças não eram um fato isolado na história. O mundo inteiro experimentava àquela altura o auge do rock progressivo, principalmente com grupos como *Genesis*, *Gentle Giant* e *Traffic*, dentre outros muitos exemplos. O Brasil constitui, de certa forma, um caso à parte, uma vez que os *Mutantes* pertencem à primeira geração do rock progressivo junto com os grupos ingleses e os norte-americanos. Por isso mesmo, no caso da Barca, há uma confluência de informações e sons como o já citado *Som Imaginário*, os integrantes todos do Clube da Esquina, a herança do samba e da bossa nova de Tom Jobim, e, é claro, a influência decisiva de Egberto Gismonti. Além disso, considero importante a história musical de cada um. Isso, na verdade, confere uma qualidade única, essa soma de personalidades e formações musicais é que resulta no som da Barca. Não é por acaso que todos de uma forma ou de outra possuem uma boa formação musical. David e Beto estudaram desde cedo, Alain e Jaquinho, filhos de grandes músicos; para Muri e Marcelo o contato e o estudo da música sempre foram incentivados pela família. No caso de Nando, ainda mais do que incentivado, a sua casa era o ponto de encontro de grandes músicos como Egberto Gismonti, Milton Nascimento, Dulce Bressane (1929-2020), Bené Nunes (1920-1997), Dilermando Reis (1916-1977) e muitos outros.

Lado A

1. Durante o Verão (Geraldo Carneiro/Nando Carneiro)
2. Hotel Colonial (Geraldo Carneiro/Muri Costa)
3. A Língua e a Bainha (Beto Rezende/Geraldo Carneiro/ Muri Costa)
4. Os Pilares da Cultura (Geraldo Carneiro/Jaques Morelenbaum)
5. Karen (Alain Pierre)

Lado B

1. Memorial Day (Geraldo Carneiro/Nando Carneiro)

2. O Banquete (Geraldo Carneiro/Jaques Morelenbaum)
3. Belladona, Lady of the Rocks (Geraldo Carneiro/Nando Carneiro)
4. Outros Carnavais (Geraldo Carneiro/Jaques Morelenbaum)

Ao observarmos cada uma das músicas do disco, é possível perceber claramente a presença maior de guitarras, porque Beto reduz um pouco a sua participação na percussão. Originalmente, Beto é um guitarrista, ele foi ao Festival de Curitiba para estudar violoncelo, mas durante as aulas de Dori Caymmi foi convocado para tocar percussão, e nessa função permaneceu a maior parte do tempo dividindo espaço ocasionalmente com a guitarra. Outra coisa que chama a atenção é que nesse disco Jaquinho participa como compositor em três músicas, Alain em uma e Beto em outra; ao contrário do primeiro disco, em que não havia nenhuma composição deles.

Os shows do ano de 1976 foram também memoráveis. Em setembro, mais precisamente em uma segunda-feira, dia 6, a Barca tocou no Teatro João Caetano abrindo o show de ninguém menos do que Egberto Gismonti. Ocasião em que houve uma superlotação, de tal modo que muita gente ficou do lado de fora do teatro sem conseguir entrar, e por fim quebraram as portas e invadiram o teatro.

No centro (embaixo) Egberto Gismonti, à esquerda Alain, Marcelo, Nando, David e Muri. À direita Zeca Assumpção, Raimundo Niciolli, Mauro Senise e Nenê.

No dia 6 de outubro a Barca fez um show no MAM (Museu de Arte Moderna do Rio de Janeiro) e rolou um episódio no mínimo curioso, eu diria lendário, no sentido de que é uma lenda urbana. Era uma tarde de muito calor e o pessoal ali assistindo ao show quando, sem mais, começaram a pintar uns picolés no meio da galera. Não um, mas vários, sendo passados de mão em mão. Estavam distribuindo? Sim, mas não era uma ação promocional de nenhuma fábrica de sorvetes. Ali no canto havia uma geladeira horizontal daquelas que ficam em supermercados e padarias, ela estava evidentemente trancada. Mas alguém, como que por efeito de um milagre, abriu a tal geladeira. Dali começaram a surgir picolés de vários sabores, colorida refrescância!

Show no MAM.

Quem foi o autor da façanha? Não sei, e mesmo que eu soubesse não contaria também, e isso para manter o mesmo espírito de cumplicidade. Eis que apareceu um segurança, ou policial, tanto faz... mas estava decidido a levar o generoso distribuidor de picolés para a delegacia. Quando a galera percebeu o que estava acontecendo, começaram a levantar as mãos segurando o gelado produto. Eram 2, 10, 30, 50... não dava para contar senão em dezenas. E, ao perceber a quantidade de gente, o tal segurança acabou por desistir, visto que era inútil tentar fazer qualquer coisa. A Barca continuou tocando sem saber o que se passava, e nunca soube disso, assim como eu, senão décadas depois.

Dentre os lugares clássicos de apresentações musicais no Rio de Janeiro daquela época estava o Teatro Tereza Rachel, carinhosamente chamado pela galera como "Terezão". Lá A Barca tocou em diversas ocasiões, como no caso da temporada de 4 a 15 de outubro. Aliás, o Terezão tem muitas histórias. Ele foi inaugurado em 1971, ficava localizado em uma galeria na rua Figueiredo de Magalhães, nº 598, atualmente chamada de Shopping dos Antiquários. Nos anos 1970, Caetano Veloso e Gilberto Gil também subiram ao palco do Tereza Rachel. Quarenta anos depois de sua inauguração, o Teatro reabriu e mudou de nome, em 2012, passando a se chamar Teatro Net. O espaço existe até hoje em Copacabana, mas atualmente se chama Teatro Claro Rio.

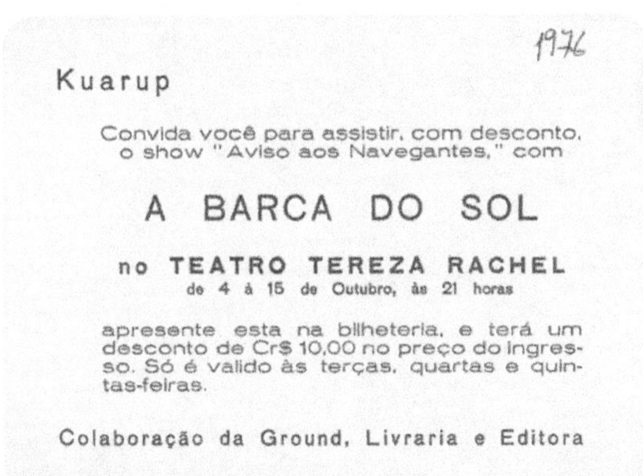

1976

Kuarup

Convida você para assistir, com desconto, o show "Aviso aos Navegantes," com

A BARCA DO SOL

no TEATRO TEREZA RACHEL

de 4 à 15 de Outubro, às 21 horas

apresente esta na bilheteria, e terá um desconto de Cr$ 10,00 no preço do ingresso. Só é valido às terças, quartas e quintas-feiras.

Colaboração da Ground, Livraria e Editora

Ingresso da temporada no Teatro Tereza Rachel.

E, em meio a esses shows, a Barca se preparava para lançar o seu terceiro disco. O contrato assinado em 1973 com a

Continental previa a gravação do primeiro disco e de mais dois, de modo que já estava na hora de começar a gravar. Mas os negócios não são exatamente uma ciência exata, e muito menos a vida. Ocorre que o projeto de gravação deste terceiro disco foi cancelado. A versão oficial, da gravadora, é de que as vendas dos discos anteriores não foram como o esperado. Vamos ficar com esta explicação, até porque todo o resto são hipóteses. Mas, como dizia... a vida não é uma ciência exata, o futuro na Continental ainda se desdobraria em mais um capítulo.

Verão a mil!

Antes mesmo do carnaval 1977, já estava a mil! Sim, no dia 5 de fevereiro a Barca do Sol toca no Parque Lage, em uma programação chamada *Verão a 1000*. E nesse mesmo mês a Barca também subiu o Morro da Urca para tocar na Concha Verde,[5] em uma série de concertos chamada Quem Sabe Sobe, produzida por David Tygel, futuro Boca Livre. Quem Sabe Sobe foi de Tygel em conjunto com a Cia. Caminhos Aéreos Pão de Açúcar.

Foto tirada no show do Morro da Urca.
Da esquerda para a direita: Marcelo, David e Alain.

5 Esse foi o nome dado ao espaço para shows montado nos anos 1970 no Morro da Urca, depois foi substituído pelo Anfiteatro do Morro da Urca.

Essa foto, misteriosamente "psicodélica", é resultado de um defeito que acometia os filmes antigamente. Às vezes, por um defeito no filme ou mau funcionamento da câmera, entrava luz e causava este tipo de "efeito". Sobre essa foto há ainda um fato interessante. Ela documenta David tocando o seu sax tenor, que foi trazido por Egberto Gismonti. Devemos nos lembrar de que nos anos de 1970 o Brasil vivia uma chamada reserva de mercado, e isso na prática queria dizer que nem todo tipo de instrumento musical (além de outros artigos) estava disponível para a venda nas lojas. A única solução para ter um bom instrumento, já que os instrumentos musicais fabricados no Brasil naquela época não tinham a mínima qualidade, era pedir para alguém, que fosse de viagem, trouxesse. Nando levou David para pedir ao Egberto que fizesse este favor. Segundo conta David, não foi a situação mais agradável do mundo. Primeiro porque pedir um favor desses não é muito fácil, segundo porque pedir para o Egberto (mestre de todo o pessoal da Barca) era ainda mais difícil. Ainda que Egberto fosse um dos mentores da Barca, além de uma pessoa agradável, com quem já tinham bastante contato, havia toda aquela aura de respeito. Depois de conseguir formular o pedido veio a reação do Egberto, que disse ao David: "Você vai estudar isso sério mesmo?". E assim, meio sem jeito, mas com ar decidido, David respondeu que sim. Então o Egberto disse que ia trazer, mas não antes sem acrescentar: "Mas você se vira na alfândega!". E meses depois chegou o instrumento.

Cartaz da apresentação na série "Verão a 1000".

Mas essa época traz ainda outro encontro, com o Grupo Água. Trata-se de um grupo chileno, exilado no Brasil por causa do regime de Pinochet, que havia participado da gravação do disco Minas, de Milton Nascimento. A Barca e o Água dividiram espaços de shows em datas diferentes no MAM e na Concha Verde. Ocorre, porém, que não era só o cachimbo do Don que levantava fumaça, as coisas continuavam complicadas no Brasil dos anos 1970. No dia 4 de junho, um grande incêndio, não "amarelo e provisório"[6] mas cinza e perene consumiu parte do núcleo de jornalismo da Rede Globo, o que ocasionou a perda de grande parte de suas fitas e filmes. A versão "oficial" diz que o incêndio foi provocado por um curto-circuito no ar condicionado, mas isso nunca saberemos ao certo. O que sabemos é que, em uma dessas fitas perdidas, estava a gravação de um vídeo inédito da Barca. Claro, não foi essa fita o alvo do incêndio, apenas um dano colateral. E coincidentemente um outro incêndio acometeu o MAM na noite

6 Referência à letra de Água e Vinho escrita por Geraldo Carneiro

após o show do Grupo Água, em data cedida pela Barca. Todo o palco e outras instalações, e grande parte do acervo artístico do MAM foram queimados, devido à grande quantidade de material inflamável. Os instrumentos do Grupo Água se salvaram porque foram guardados em um banheiro azulejado.

Cartaz promocional do espetáculo no Morro da Urca.

Corra o risco

Durante três ou quatro meses, no ano de 1973, Jaquinho tocou em um grupo chamado Antena Coletiva, que era formado por Nelsinho Laranjeiras – que também foi colega de classe de Beto – e Elias Mizrahi, ambos posteriormente viriam a integrar o grupo Veludo Elétrico, com Olivia Byington e ainda um baterista de origem chilena. Jaquinho e Olivia se conheciam da casa de uma amiga em comum durante uma festa. Além da amizade com Jaquinho, as famílias Carneiro e Byington, na realidade viriam a estabelecer um elo, uma vez que Geraldinho foi casado com Elisa Byington, irmã de Olivia.

Difícil falar de Corra o Risco! Em primeiro lugar é preciso deixar claro que este é um disco da Olivia Byington e não da Barca do Sol. Porém é um disco que conta com a participação intensiva da Barca, não como músicos de acompanhamento, mas como compositores e músicos que colaboram para a realização instrumental do trabalho. Nos dias de hoje poderíamos falar em uma "colab", mas não era um conceito conhecido na época. Mas é impossível não falar, esse é o dilema. São essas coisas que a vida tem, belas, mas perigosas. Corra o Risco é um disco difícil de falar, pois é o primeiro disco da cantora Olivia Byington, e ao mesmo tempo um disco em que, com exceção da canção "Minha pena, minha dor", que é acompanhada ao piano pelo compositor John Neschling, todas as demais têm a participação da Barca do Sol, e mesmo esta música tem a presença de Alain no contrabaixo.

Mas no fim das contas a verdade é que, querendo ou não, a Barca colaborou para que Corra o Risco tenha o seu som característico. Como diz Marcelo Costa, "Corra o Risco é um braço na carreira da Barca do Sol", e contém ainda diversas canções gravadas anteriormente pela Barca. Isso não é necessariamente um problema, nem mesmo é o único caso na história das gravações, mas não deixa de chamar atenção. Na realidade, o fato de revisitar esse repertório do primeiro disco faz com que os arranjos e as concepções musicais sejam ainda mais elaborados. Mas em lugar de comparações o mais importante é perceber a riqueza, a diversidade que existe. As canções são as mesmas, mas os arranjos são outros. Não apenas isso, mas o fato de que mais de um intérprete possa gravar e apresentar um repertório compartilhado ajuda a criar uma unidade de estilo. No caso, a coesão está principalmente em torno da poética de Geraldo Carneiro, que é o produtor do disco.

Essas são palavras da época, mais precisamente do texto de apresentação do programa do show, escritas por Geraldinho Carneiro:

> Conheci Olívia num bar do Leblon. Ela devia ter uns 15 anos, mas já tinha um ar indiscutível de quem vai fazer da vida algo mais que um barco bêbado, ao sabor das marés e das luas. (...) Foi nos ensaios da Barca que nós, macacos de auditório, ficamos amigos pra valer e que aprendi a admirar sua voz clara, perdão pelo lugar comum, como um cristal. E um belo dia eu lhe disse: "Olívia, que tal você fazer um disco com a Barca?", e, claro, fez-se a luz! Isto é, o disco.

O disco foi gravado no estúdio da Som Livre, com excelentes condições de gravação como a Barca jamais experimentou. Musicalmente foi uma experiência muito interessante por possibilitar fazer uma releitura de músicas do primeiro disco com outros elementos, outros instrumentos. Ninguém duvida de que são trabalhos que se cruzam, músicas que se partilham, pessoas mutuamente conhecidas, porém este disco é um outro trabalho. Não há por que pensar o contrário. No ano de 1976, Belchior gravou o disco Alucinação, o qual contém "Como nossos pais" e "Velha roupa colorida";

no mesmo ano Elis Regina lançou o disco Falso Brilhante, onde ela canta essas mesmas duas canções. São duas interpretações distintas de duas grandes músicas: uma do seu autor, e outra de uma das mais bem aclamadas intérpretes da música popular brasileira. Não são concorrentes, cada uma possui sua beleza.

Nunca gostei das tardes de domingo. Elas sempre tinham algo como o que antecede uma tragédia, algo ruim. É como se fosse o preâmbulo a Chico Anísio interpretando a sua crônica no Fantástico. No final ele sempre terminava com um soturno "Boa Noite!"; e essa saudação - ao contrário da que Cid Moreira dizia, que transmitia uma certa confiança - dava a entender no final de cada domingo: vá dormir, nada vale a pena. E foi assim, em um domingo, que, indo para o ensaio, Olivia se viu surpreendida por um homem que lhe encostou uma faca e ordenou: "vai em frente ou eu te furo". Se a ideia de um assalto já é horrível, o que se seguiu, foi ainda pior.

Ela foi levada para uma área deserta e tornou-se vítima de uma hedionda violência sexual, que por pouco não se transformou em homicídio. A intenção desse criminoso era, de fato, cometer um estupro seguido de morte. A bem da verdade, feminicídio. Mas, após perder a faca, deu a ela alguma chance de tentar escapar, mas ele conseguiu prendê-la novamente. Como já não possuía mais a arma, passou a usar as mãos para um brutal espancamento, do qual Olivia somente se desvencilhou ao fingir-se de morta. Após o algoz fugir, ela conseguiu pedir socorro na estrada, atirando-se na frente de um veículo, e por fim foi levada ao Miguel Couto. Esse terrível acontecimento marca definitivamente a vida de qualquer pessoa, e com ela não foi diferente. Mas ela não se entregou, soube transformar isso em força, porque, se antes fosse apenas um presságio, depois de tudo isso sabia que a vida era correr um risco enorme.

O pessoal da Barca, nesse ínterim, ainda a esperava para o ensaio. Quando ficaram sabendo do evento, houve uma profunda consternação, é claro. Nando se lembra que ainda tentaram ir ao encalço do agressor, mas foi em vão. Foram 20 dias de internação e reconstrução facial. Ela se lembra que nesse período Nando foi visitá-la, e, depois de um breve momento, virou-se e ouviu um barulho. Nando havia caído ao chão, sem sentidos. Pausa. Está muito difícil para mim escrever este parágrafo. Outra pausa... recupero o ar. Voltemos ao disco.

Lado A
1. Fantasma da Opera (Muri Costa/Geraldo Carneiro)
2. Lady Jane (Nando/Geraldo Carneiro)
3. Corra o Risco (Olivia/Geraldo Carneiro)
4. Jardim de Infância (Beto Rezende/Nando/Geraldo Carneiro)
5. Banda dos Corações Solitários (Nando/Geraldo Carneiro)
6. Cavalo Marinho (Nando Carneiro/Cacaso)

Lado B
1. Lobo do Mar (Jaques Morelenbaum/João Carlos Pádua)
2. Água e Vinho (Egberto Gismonti/Geraldo Carneiro)
3. Brilho da Noite (Nando/Geraldo Carneiro)
4. Minha Pena, minha Dor (John Neschling/Geraldo Carneiro)
5. Luz do Tango (Astor Piazzolla/Geraldo Carneiro)

Em pé: Helinho do Banjo, Alain, Nando, Muri, Marcelo (com berimbau);
Sentados: Olivia e Beto (na frente de Alain)

Mas aprendi, ao conversar com ela, a manter alegria na vida! Lembrei-me por que me tornei músico. É necessário assumir o risco da vida, o interessante é que o título "Corra o Risco" já havia sido escolhido muito antes desse odioso episódio. Ontem ouvimos a música "Caravela" enquanto conversávamos. "Minha caravela aprendi a ver estrelas onde o céu andava escuro de paixão", diz o texto de Geraldinho Carneiro. A música, e principalmente as pessoas que a fazem, têm a capacidade de nos transformar.

Além das adversidades pessoais, para uma mulher, nos anos 1970, a vida era uma superação diária. E não somente naqueles anos, isso ainda iria perdurar o século XX inteiro, até que se houvesse alguma consciência das representações de gênero. E mesmo que eu não esteja, como se diz atualmente, no meu lugar de fala, é importante destacar, ainda que por um ângulo oblíquo, que essas relações também aconteciam na música. Claro, a música faz parte da sociedade, e como tal é um espelho dessa realidade. Uma cantora jovem tinha muita dificuldade em se posicionar em um mundo predominantemente masculino. À mulher era legado o papel de "estrela", elas não deveriam ter opinião. Não se trata somente de uma questão social da época, mas também de uma opção do grupo por ser fechado em uma determinada formação que já estava estabelecida, e como tal não aceitava ter um cantor - aliás, desde os tempos de Ritchie. Logo, a ideia de ter uma pessoa de outro gênero atuando dentro do grupo causou uma certa tensão.

Jaquinho lembra que, em uma reunião com uma determinada gravadora, um produtor importante teria dito que se o grupo incluísse uma cantora eles fechariam um contrato, e a Barca recusou-se terminantemente. Não estou fazendo nenhuma crítica a uma ou outra pessoa, nem mesmo à Barca do Sol. Estou relatando o *status quo*. Muito embora eu não estivesse presente, ouvi relatos de muitas pessoas a esse respeito. E não é preciso nem isso, haja vista que somente há cerca de 5 ou 10 anos se discute equidade de gênero. Até então tudo era muito velado, mas existia. Portanto, desde as relações com os colegas, com assuntos comerciais e administrativos, tudo era mais difícil para uma mulher. Ainda mais quando se trata de lugares extremamente masculinos.

Havia naquela época algo como uma mentalidade de "criador de canário". Canário é um termo depreciativo, mas completamente naturalizado no meio musical de então. Era algo como se o canário fosse apenas uma bela voz e nada mais, não era um músico de fato. É claro quer estou falando muito genericamente, mas ainda assim o termo tinha para todo o meio musical um único significado. Imaginem um canário em uma gaiola. Ele canta lindamente, mas deve ficar ali, restrito àquele lugar - sem poder participar de nada - e totalmente dependente. É algo muito estranho e paradoxal, porque, ao mesmo tempo, o canto é aquele que de fato mostra a sua cara, é o cantor que aparece e encanta o público. Mas por qualquer ângulo que se veja não é bom; em primeiro lugar porque uma relação desigual não funciona para ninguém, e depois porque, por qualquer motivo que seja, revela algum tipo de problema de autoconfiança.

As relações entre Olivia e a Barca tornaram-se tensas, não insuportáveis, mas conflituosas, o que fez com que não houvesse muitos shows após o lançamento do disco. Mas, veja, não somente essa relação era complicada. Na verdade, à medida que o tempo ia passando, muitas questões iam surgindo e despertando inquietações.

A Barca do Sol é uma entidade quase autossuficiente. Cada componente é um ser único, mas a Barca não é a soma de todos eles. Pode parecer uma certa dose de misticismo, mas não é o caso. Todo grupo, independente de ser A Barca do Sol ou não, possui uma dinâmica própria. O que eu me refiro acerca dessa celeuma de gênero faz parte dessa dinâmica. Não é que fulano ou beltrano tenha se comportado de maneira particular em relação ao assunto, mas A Barca era assim. Aliás, deixe-me dizer algo mais sobre a origem do nome. Barca do Sol refere-se, no livro **Egípcio dos Mortos**, à barca que levava os mortos para o outro lado. Uma vez, conversando com o Muri, ele me falou que ficou muito impressionado com o Museu Rosa Cruz, em Curitiba, que é, até onde nos interessa, basicamente um museu de egiptologia. Ali há réplicas de artefatos de antigo Egito. Então o Muri me disse: "Assim... a Barca vai lançando seus mortos no mar. Só chega lá realmente quem está preparado". Então, é claro, tem um pouco de mitologia, de uma protonarrativa. Mas o que é fato é que existe uma visão arquetípica, mesmo que inconscientemente introjetada, algo que não tem necessariamente a ver com o antigo Egito e o seu **Livro dos Mortos**, mas o grupo se constituiu não como uma junção de pessoas, mas como a abstração de uma ideia. E essa abstração comporta em si o espírito da época, tanto do que é bom quanto do seu lado negativo.

Acho que todas essas coisas significaram, de alguma maneira, um processo de morte. Talvez não um, mas muitos: a morte de um sonho, da inocência. Na realidade morremos a cada dia, mas às vezes somos arrasados por situações que fogem totalmente a nossa compreensão. Sempre esperamos pelo melhor, sonhamos com um futuro bonito, achamos que podemos guiar nossos passos como quem calcula cada lance de um jogo. Mas, como diz o samba de Cartola: "acontece que isso não acontece".

Corra o Risco é um disco lindamente inspirado! Revisita muitas músicas do primeiro disco da Barca, o pessoal já está maduro, os arranjos são excelentes. Mas é todo feito de contrastes, de oposições. Entre as guitarras e a agressividade de "Brilho da Noite" e a beleza e a simplicidade de "Cavalo Marinho". Da desolada solidão de "Minha Pena, minha Dor", ou então "Água e Vinho", com a fantasia de "Jardim da Infância". É como se aquela passagem conflituosa para a vida adulta estivesse entrando porta adentro.

Bahia, em 1978

No início do ano de 1978 a Barca aventurou-se para longe do Rio de Janeiro, com destino a Salvador. Muri e Beto foram antes e se hospedaram na casa da tia-avó de Muri e Marcelo, que fica entre os bairros da Boca do Rio e Jardim Armação. Deram entrevista para a TV Itapuã, e, essa mesma emissora – retransmissora da Rede Globo na Bahia – divulgava durante a programação o show da Barca do Sol. Os demais foram em dois carros. No Fiat foram Jaquinho e Alain, levavam cello, contrabaixo e parte da bateria. No outro carro, o Fusca de David, foram Marcelo, David e Nando. Todos pernoitaram em Eunápolis. Ao chegarem em Salvador, alguém perguntou ao Marcelo: "E aí? Qual é o telefone da sua tia? Tem o endereço aí?". E ele não tinha nada! Consideremos, àquela época não existia telefone celular, e mesmo telefone público era coisa precária. A decisão do pessoal no carro foi de seguir uma placa escrita "praia". E, ao entrar em Salvador, tomaram a direção da praia até chegar ao porto da Barra, que é um lugar muito tradicional na cidade. E, por uma dessas coisas – que não sabemos dizer ao certo como acontecem – quando o carro parou em um sinal, na esquina da rua da praia, ali estavam Muri e Beto parados. A casa das tias de Muri e Marcelo era justamente no quarteirão de trás.

Houve um almoço preparado do Tia Dede no dia do aniversário de Muri. O cardápio seria um vatapá, mas como David não comia camarão também havia uma frigideira de ovos.

Lá em Salvador um clima de romance se instalou entre o pessoal da Barca e algumas garotas baianas. Havia uma casa inacabada, em construção, na qual o pessoal d'A Barca ficou hospedado. Eles haviam conhecido a Lói, que trabalhava no Goethe Institut, o qual foi o promotor do show da Barca em Salvador. Muri namorou a Lói, e lá também conheceram Tereza, da Bôca do Rio. Atente-se ao detalhe da grafia: Bôca com acento circunflexo. Gosto muito dessa grafia, que infelizmente está há duas reformas ortográficas fora de uso. Palavras como Nôvo, Bôca, Flôr. Enfim, são coisas que passam.

Casa na Boca do Rio, em Salvador. David e seu "possante" Fuscão.

Nessa estadia em Salvador o pessoal aproveitou para conhecer outras manifestações culturais. Certa vez David foi ao Mercado Modelo e estava acontecendo uma roda de capoeira. Ele se sentou para assistir e ficou por ali. Passado algum tempo, já no final da roda, um cara deu um toque nas costas dele e disse: "E aí, garotão, vai deixar o tênis de presente pra capoeira da Bahia?". Ele olhou, assim meio sem saber o que dizer, mas um instante depois respondeu: "Claro!", e foi logo tirando o calçado. Como resistir a esse tão cordial pedido? E ele ainda completa: "O cara foi legal, me deu a chinela de borracha dele pra eu ir embora".

Trecho da parte de flauta de "Tereza Boca da Barra".

Na volta foram para Rio das Ostras, com o Fiat de Jaquinho, fizeram a viagem em 20 horas de uma só vez! Nesse carro vinham: Nando, Jaquinho, Marcelo e Muri. Levavam na bagagem um monte de chinela e bolsas de couro compradas no Mercado Modelo, coisas que precisaram ser deixadas no sol por vários dias para perder o cheiro de vaca.

Fiat 147 do Jaquinho, março de 1978.

Um mês depois, seria apenas Jaquinho nesse Fiat. Ocorre que a viagem para a Bahia o fez refletir sobre a sua carreira, e considerou que estava no momento de talvez tomar um outro rumo. Não foi, como ele disse, uma decisão fácil. E mais difícil ainda foi comunicar aos amigos, mas ele fez, e tristemente se despediu. Dali em diante ele partiria para estudar violoncelo no New England Conservatory, em Boston. Nesse momento a Barca não é mais um septeto, mas um sexteto.

Já de volta ao Rio, viria o show de estreia de Corra o Risco, junto com Olivia. O disco já havia sido gravado, e Jaquinho tocava em quase todas a músicas, e agora todos os arranjos teriam de ser adaptados. Não houve outra solução. O show de lançamento do disco aconteceu no dia 16 de agosto de 1978, no Teatro Ipanema.

Cartaz de divulgação do show Corra o Risco.

Ainda no ano de 1978 foi a trilha sonora da peça "As Gralhas", de Bráulio Pedroso. Nando compôs a música e A Barca tocou, sendo que a parte vocal ficou a cargo de Milton Nascimento.

Foto da peça "As Gralhas": Muri e Milton Nascimento.

A peça As Galhas é dividida em três partes: Diante da Lei, O Artista no Trapézio e A Sentença, que de certa forma revisitam o universo kafkiano. Mas, sobretudo, tratam da sensibilidade do artista, como se pode ler na foto do programa da peça com várias dedicatórias a Nando. E, nesse sentido, acerca da sensibilidade de artista, está talvez mais próximo de Tchekov.

Nando se lembra de ter ido diversas vezes na casa de Milton Nascimento para ensaiar as músicas que integravam a peça. Detalhe: as músicas não tinham letra, eram todos vocalises cantados por Milton e Muri. Um episódio interessante aconteceu durante os ensaios, que não é necessariamente musical, mas ecológico. Nando e Muri estavam na casa do Milton Nascimento e havia um recado escrito em um pedaço de papel espetado em um palito de churrasco, algo como "Não jogue cinza de cigarro em mim, sou uma planta". E Milton Nascimento teria dito: "É... precisei escrever isso aí. O pessoal tem o péssimo hábito de vir aqui e bater cinza de cigarro nas plantas". Pois é, Milton Nascimento sempre antenado na ecologia!

A peça estreou no Teatro do Centro Cultural Cândido Mendes, na Rua Visconde de Pirajá. Na realidade o espetáculo aconteceu em uma pequena sala para cerca de 60 lugares, ao lado do Cinema Pax, especialmente preparada para a peça. Hoje não existe mais nem o prédio do cinema. O nome dessa sala de exibição é claramente uma referência à Igreja Nossa Senhora da Paz, pois tanto o terreno quanto o cinema em si pertenciam à Igreja.

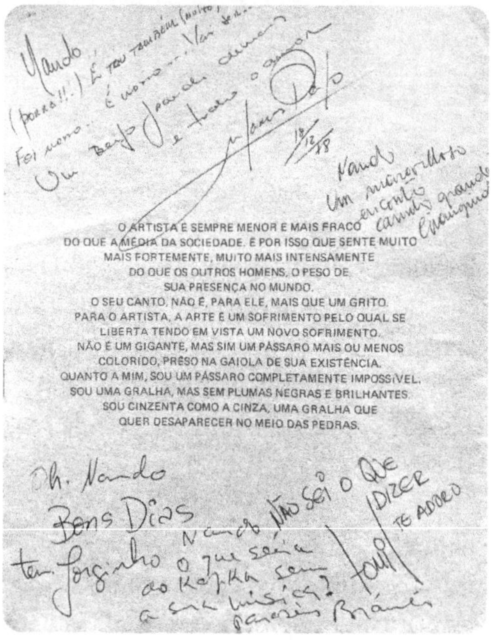

O ARTISTA É SEMPRE MENOR E MAIS FRACO
DO QUE A MÉDIA DA SOCIEDADE. É POR ISSO QUE SENTE MUITO
MAIS FORTEMENTE, MUITO MAIS INTENSAMENTE
DO QUE OS OUTROS HOMENS, O PESO DE
SUA PRESENÇA NO MUNDO.
O SEU CANTO, NÃO É, PARA ELE, MAIS QUE UM GRITO.
PARA O ARTISTA, A ARTE É UM SOFRIMENTO PELO QUAL SE
LIBERTA TENDO EM VISTA UM NOVO SOFRIMENTO.
NÃO É UM GIGANTE, MAS SIM UM PÁSSARO MAIS OU MENOS
COLORIDO, PRÊSO NA GAIOLA DE SUA EXISTÊNCIA.
QUANTO A MIM, SOU UM PÁSSARO COMPLETAMENTE IMPOSSÍVEL.
SOU UMA GRALHA, MAS SEM PLUMAS NEGRAS E BRILHANTES.
SOU CINZENTA COMO A CINZA, UMA GRALHA QUE
QUER DESAPARECER NO MEIO DAS PEDRAS.

Na foto do programa de As Gralhas pode-se ver as dedicatórias feitas a Nando, a primeira é a do diretor Marcos Paulo, que na época estrou como diretor na TV Globo na novela Dancin' Days, seguida pelos atores Jorge Fernando (1955-2019), que viria mais tarde a ser diretor de novelas na TV Globo, Tomil Gonçalves, que, em 1979, viria a fazer parte da primeira montagem da peça Rasga Coração, de Oduvaldo Viana Filho (Vianinha).

A casa de Santa Teresa

Subir a serra, para quem mora no Rio, é uma das opções de refúgio para a loucura da vida diária. Pode ser Nova Friburgo, Teresópolis, Petrópolis, ou ainda, Itaipava. Mas, se pensarmos bem, há lugares na própria cidade do Rio que, devido à formação geográfica, funcionam quase como que um refúgio. Não é à toa que ainda no século XVIII começou a ser construído um convento das irmãs Carmelitas Descalças dedicado a Santa Teresa d'Ávila.

O bairro de Santa Teresa é icônico. Todo carioca está familiarizado com a fama de bairro de *hippie*. Mas na realidade é um bairro cuja história vem de séculos. O aqueduto de Santa Teresa. O aqueduto, construído em 1720, tinha, naquela época, o objetivo de distribuir a água do rio Carioca, para a parte central da cidade. Fazendo o caminho inverso da água é possível tomar um bonde no Largo da Carioca. O bonde sobe, passa por cima do aqueduto e chega à Rua Almirante Alexandrino, a mais antiga do bairro. Ali mesmo encontra um dos casarões construídos no final do século XIX.

O estilo de vida *hippie*, inspirado na contestação ao *american way of life* desencadeador da Guerra do Vietnã, pautava-se na recusa pacífica aos apelos da sociedade de consumo e também aos deveres socialmente impostos, como o trabalho, o serviço militar e o casamento. Sua expectativa era de um novo mundo, uma nova era na qual a liberdade determinaria o fim da atual, configurada pelo uso da força repressiva; uma era marcada pela paz, da qual resultaria o fim da animosidade recíproca entre países e homens; outra era, enfim, marcada pelo amor e pelo congraçamento, em oposição ao ódio e à competitividade reinantes.

Em 1978, já com a Verão Produções, houve a necessidade de um lugar fixo para a Barca. Vamos dizer assim, de maneira figurada, de uma ilha para atracar entre uma navegação e outra. No mesmo espírito de fraternidade, a renda da Barca do Sol também financiava os instrumentos musicais, dentre eles a primeira bateria e um lote de teclados comprado de Wagner Tiso, que era composto de um piano fender Rhodes 73, um órgão Farfisa, uma câmera de eco de fita eco-plex, um ou dois reverbers. Esses instrumentos foram negociados por Muri e Beto diretamente com Gisele, então esposa de Wagner Tiso.

Nos classificados de um jornal, Nando viu o anúncio de uma casa para alugar em Santa Teresa e foi junto com Beto ver as condições. Reuniu-se com uma senhora chamada Lúcia, que era, juntamente com a irmã, proprietária do imóvel. Mas antes mesmo de qualquer conversa esta senhora exigiu um fiador. Não houve dificuldade em cumprir esta exigência, ficando o pai de Muri e Marcelo o responsável por esta formalidade.

A casa foi alugada com o objetivo de ter mais independência, tanto em relação à música quanto aos negócios do grupo, quanto ao ponto de vista pessoal também. Muito embora ali funcionasse a sede do grupo, este não era o endereço da firma Verão Produções Musicais, que de direito era em Botafogo, na Rua Goethe; no mesmo lugar em que funcionava o escritório de arquitetura do Afonso Costa, autor da letra de "Bordel Santa Luzia".

A casa possuía seis quartos, quatro no andar superior, e atrás tinha duas casinhas pequenas, que eram dois pequenos cômodos. David se lembra dos lendários campeonatos de futebol de botão, que segundo ele eram cronometrados por uma fita K7. Para quem não conheceu, ou não se lembra deste tipo de mídia, ela tocava 30 minutos de cada lado, embora houvesse também de 45 minutos, mas 30 era a mais comum, e ela às vezes (muitas vezes) enroscava, arrebentava, travava... era uma porcaria. Mas, enfim, era o meio de gravação caseiro da época. Voltando ao jogo de botão, ao fim dos 30 minutos da fita tocava um som de torcida gravado de um jogo. Sabe-se lá qual era, isso ninguém lembra mais. Esse era o sinal de que o jogo estava encerrado.

Mas não era só do lado de dentro da casa que rolavam essas peculiaridades. Certa vez alguém plantou um pé de *Cannabis Sativa* no quintal, o qual foi batizado de "Sr. Muri". Essa planta, como lembra o próprio Muri, dava folha que era um espetáculo! Mas nunca deu um camarão. Logo... desta planta ninguém fumou. Muito embora eu suponho que algum visitante menos esclarecido em fitologia já tenha tentado fumar as folhas sem muito êxito, é claro. Era mais um arbusto pitoresco plantado no fundo do quintal, um bom lugar para iniciar uma conversa.

Foto tirada em 1980 da fachada da casa de Santa Teresa.
Alain Pierre no portão.

A casa da Aarão Reis, 67, onde muitos dos barqueiros se instalaram - ainda que de passagem - foi morada fixa para alguns. Nando escolheu um quarto no andar superior, o qual ele manteve até o final, David foi o primeiro a chegar, e Muri também foi um dos que habitaram de maneira regular a casa, naquela época. Na fase pós-Barca a casa continuou sendo uma habitação de músicos, quando vieram morar Jaques, que acabara de voltar dos USA, Paula Morelenbaum e levou Ginga, a cachorrinha do casal. Muri se lembra que um grupo que ficou fixo na casa foi ele, Juca Filho, Jaquinho e Rodrigo Campello. Estes últimos não eram da Barca, mas eram pessoas que permeavam o círculo de amizades do pessoal. Juca Filho – autor da música "Toada" (juntamente com Zé Renato e Claudio Nucci), sucesso do Boca Livre, mas isso foi anos depois. Na realidade essa casa funcionou como moradia compartilhada ainda por muito tempo.

Muito da mobília da casa foi trazido por Muri, herdado da casa da avó, que havia falecido. O aluguel da casa era pago da seguinte forma: metade do aluguel saía da "caixinha" daA Barca do Sol, e a outra parte era paga individualmente por cada um. Efetivamente, os que moraram na casa foram David, Muri, Jaquinho e Marcelo. Beto, Alain e Nando, não chegaram a residir na casa. Mesmo não tendo morado, Alain ajudou muito nas reformas, fazendo coisas de marcenaria.

Nem todos os integrantes da Barca moravam na casa, mas como era costume todos os lucros e as despesas eram divididos, de tal forma que morando ou não todos arcavam com uma parte do aluguel e tinha direito a eventualmente ocupar um espaço lá.

David, o primeiro morador da casa, tinha uma logística muito boa para ele, pois David havia entrado para na UFRJ para estudar em 1977. Àquela época David namorava uma garota chamada Anginha, Ângela, é claro, que anteriormente morara em um microbairro chamado Bairro de Fátima. Entre Santa Teresa e o prédio do Departamento de Música da UFRJ é uma linha reta, com uma parada no Bairro de Fátima, ou seja, muito mais conveniente morar em Santa Teresa do que em Copacabana. Além do mais Santa Teresa havia se tornado um bairro referencial para a população alternativa.

Foto tirada em 2019, da entrada da casa de Santa Teresa.
(Foto de Marcelo Costa)

Piratas em 1979

Muitos de nós já experimentamos aquele sentimento de quase fim de férias, de quando ainda estamos viajando, longe de casa, mas sabemos que é a última semana da viagem. Queremos aproveitar ao máximo, mas às vezes nos lembramos de que na semana seguinte já estaremos de volta à nossa cidade, de volta ao que fazemos diariamente. Mas ainda estamos em férias, pelo mesmo por enquanto. Então simplesmente deixamos rolar. Esse terceiro disco tem um pouco esse sentimento.

Livreto de controle da tiragem segunda edição de Pirata.

De uma certa maneira, mesmo que nunca tivesse sido essa a ideia, Pirata é um disco de despedida. A primeira música do disco é "Vou-me embora pro sertão", uma espécie de declaração de ir em direção a outro lugar, até de se aprofundar mais no som do interior, uma vez que a levada do baião sempre esteve presente desde o primeiro disco.

O lado B abre com "Desencontro", de Nando e João Carlos Pádua, cuja letra fala da superação de um mal resolvido desfecho amoroso, e "Canção pra Ela", instrumental, que na ausência da letra possui uma história. Daniela, que havia sido namorada de Alain, havia partido para os EUA, e sentindo muita saudade ele escreveu a música.

Miolo do lado B de Pirata.

O que sobrou das utopias dos anos 1960 tornou-se a grande marca da década de 1970, em que muitos dos sonhos haviam ruído, e os que permaneciam estavam, de certa forma, ligados a um comportamento que era ao mesmo tempo negação da realidade e resistência ao mundo que se impunha. Isso não quer dizer, entretanto, que tudo fosse um ato político. A música é em si mesma uma constante revolução, um exercício de libertar-se; mas fazer música nem sempre quer dizer colocar-se na militância política, no sentido estrito. Todo artista responde, conscientemente ou não, ao *status quo*, mas isso é feito de várias maneiras. No caso específico da Barca do Sol havia, por um lado, a poesia como elemento estilístico e que conectava a *performance* musical com a intelectualidade engajada dos anos 1970, e, por outro lado, a maneira de viver de cada um em relação ao meio. Algo profundamente brasileiro e carioca: vivemos como podemos e fazemos o que queremos fazer. Isso, a meu ver, era uma resposta ao processo massificado de cultura daquela época em que até mesmo a contracultura se apresentava como que chancelada por títulos, dentre os quais o maior seria o "Tropicalismo". Digo isso sem fazer nenhuma crítica ao tropicalismo - ou ainda aos demais estilos cunhados e assumidos nos anos 1970 - mas, sim, àqueles que procuram definir a música desse período apenas por essa leitura. Observe-se que a imprensa, muitas vezes, contribuiu para a propagação desses títulos - afinal é da natureza da escrita jornalística valer-se de uma certa generalização - mas creio que a desinformação imposta pelo regime político vigente naquele momento foi quem mais contribuiu para uma massificação cultural em que somente as gravadoras e os meios de comunicação eram beneficiados. Mas essa questão é na realidade uma faca de dois gumes, pois, se as gravadoras tinham o contrato dos artistas na mão, também tinham o mercado. Infelizmente esse "mercado" não contemplava muito mais do que os ecos das tendências norte-americanas. Lembro-me de ter ouvido cantores e compositores relevantes dos anos 1970 dizerem que aproveitaram a onda do

"Rock Rural",[7] uma brecha que os produtores brasileiros abriram nas gravadoras subsidiárias de multinacionais alegando existir o mesmo "mercado" nos Estados Unidos. De qualquer maneira a única alternativa para gravar um disco que não estivesse dentro dos estilos demarcados pelas gravadoras era o que viria a ser conhecido como produção independente.

O termo independente é, de certa maneira, um tanto quanto equivocado. Afinal, independente de quê, ou de quem? Se for das gravadoras é correto até certo ponto, pois ainda seria necessário pagar para a prensagem dos discos a uma fábrica, que em última análise pertencia a uma gravadora. E, no caso, a Continental. Ironicamente a mesma gravadora dos discos anteriores. Na realidade, independente era a distribuição, ou seja, a venda dos discos. Isso era de controle total do grupo, o que quer dizer que eles finalmente saberiam quantos discos estão sendo vendidos, e a que preço. Mas não era tão fácil assim, uma vez que o custo de toda a produção era determinado pelos preços cobrados pelo estúdio, pela gráfica e pela prensagem dos discos. De tal forma que a margem de lucro não era grande, e, além do mais, eles não dispunham de um esquema nacional de divulgação e distribuição. Assim, não era exatamente independente. E mesmo a parte que era independente constituía mais desafios do que facilidades. Por esse motivo, nos anos 1980 surgiram nichos de circulação e gravadoras alternativas, como a Baratos Afins, no sentido de fomentar a circulação e facilitar a produção e a divulgação desse tipo de material.

7 Não é uma referência à música "Casa no Campo", na realidade a letra desta canção é que popularizou o termo "rock rural", que já existia, mas era de circulação mais restrita a um pequeno grupo de pessoas.

O famoso "camburão", veículo mágico que conduzia a Barca.

Mas, antes de tudo isso, o início da chamada "produção independente", ainda no meio dos anos 1970, e portanto antes mesmo do terceiro disco daA Barca, foi aberta por Antônio Adolfo com seu disco Feito em Casa, no qual ele pagou todos os custos de produção, desde a gravação até a capa. É difícil dizer se esse foi o primeiro disco independente, talvez tenha sido nesse esquema de se pensar toda a produção a partir do artista. De qualquer forma, a história da música popular brasileira consagra esse disco como o primeiro independente, e o seu mérito e seu valor artístico são indiscutíveis. É um daqueles discos que eu ouvi muito, e até tinha o hábito de tocar uma das suas músicas: "As Luzes Estão Brilhando".

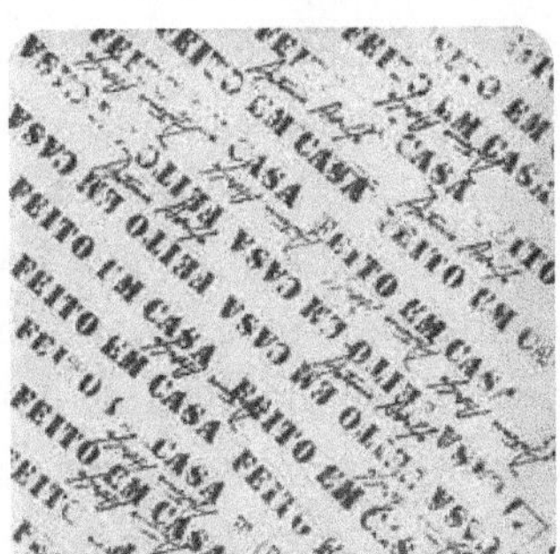

Capa do Feito em Casa (1977), de Antônio Adolfo, que, assim como os discos da Barca, era presença constante no meu toca-discos.

Antônio Adolfo já era um músico experiente, desde os festivais, com a antológica "BR-3" até a trilha sonora de novelas como, por exemplo, "Teletema" (trilha sonora da novela Véu de Noiva - 1970). Mas, em 1977, ele queria lançar um projeto instrumental e bem diferente daquilo que pudesse ser chamado jazz, ou rock progressivo, ou outra "caixinha" que as gravadoras soubessem incluir. Pode até ser que algum produtor soubesse inventar um rótulo qualquer, mas a verdade é que não havia interesse na visão das gravadoras para aquele tipo de trabalho, o que levou Antônio Adolfo a bancar o seu próprio disco.

Com a Barca do Sol não foi diferente, visto que a Continental não demonstrou interesse em assinar o contrato para o terceiro disco. Como nunca foi da natureza dos barqueiros deixar-se intimidar pelas adversidades, o caminho mais lógico àquele ponto era lançar de maneira independente este novo trabalho.

Após conversar com Antônio Adolfo e obter valorosos conselhos, Nando sentiu que já tinha uma noção do que deveria fazer e de como funcionava essa questão burocrática. Sim, porque as questões de gravação não eram problema, afinal, já tinha gravado dois discos! Mas havia uma série de pormenores legais e burocráticos que deveriam ser solucionados. Evidentemente, antes de qualquer coisa, precisariam de uma boa quantidade de dinheiro. Gravar um disco era coisa que consumia muito dinheiro, ao contrário de hoje, que é possível ter um bom *home studio*, naquela época era coisa impraticável. Um estúdio caseiro servia no máximo para gravar fitas demo e ensaio, mas não tinham qualidade para um disco. E, por falar em disco, o vinil deveria ser prensado por equipamentos grandes e caros, só disponíveis em algumas empresas. E, pasmem, uma das empresas que mais sublocavam os equipamentos para a prensagem de discos de terceiros era justamente a Continental! É claro, conquanto pagassem a prensagem, ela não queria saber quem era o cliente. Afinal de contas, distribuição, divulgação e retorno financeiro não seriam problema dela. Esse é o outro lado da moeda: você grava a música que quer para o seu público e espera vender o suficiente para cobrir os custos e ter algum lucro. Parece um bom acordo, e funciona até certo ponto; mas não devemos nos esquecer de que naqueles tempos os custos de produção eram altos. O aluguel do estúdio custava muito caro, também, o preço da prensagem dos discos em pequenas quantidades era alto, quando comparado com as grandes tiragens nas quais a venda de uma certa porcentagem amortizava o custo do resto da produção.

Nesse ponto cabe um comentário/provocação para as gravadoras. Houve mais de uma edição deste disco (fora as reedições em anos posteriores), o que quer dizer que, se depois de uma certa quantidade todo o custo estava pago, todas as edições subsequentes foram 100% lucro. Leia-se, quando A Barca do Sol se tornou *cult*, a única empresa que ganhou dinheiro foi a detentora dos direitos de reimpressão.

Após tantos anos navegando pelos mares, A Barca atraca em terra firme e hasteia a bandeira pirata! Em 1979, os barqueiros transitam entre Rio e São Paulo, onde fizeram uma segunda base, na rua Itararé. Era assim como uma navegação de cabotagem. Mesmo que São Paulo fosse muito diferente do Rio, e, de fato, é, ambas são cidades grandes e referenciais no circuito cultural brasileiro.

Depois da incursão pela Bahia, que foi, por assim dizer, um retiro musical de onde trouxeram novas experiências de vida e outras influências sonoras, vir para São Paulo era como estar em uma terra mais árida. Não era mais Ipanema. Era o centro de São Paulo, como se a Lapa carioca fosse, mas sem o aqueduto. Um sotaque diferente, mas não desconhecido, agora seria parte dia a dia. Mas, para quem navega, tudo é novo, tudo se torna familiar. Como o trajeto nessas cidades era terrestre, era necessário um outro meio de transporte, e ele surgiu na forma de um veículo um tanto quanto bizarro. Isso porque Nando ganhou de presente de Lourival de Freitas, uma espécie de padrinho espiritual, uma Chevrolet Veraneio. Esse modelo de carro era famoso por ser utilizado principalmente pela polícia, e era chamado popularmente de camburão. Esse termo, atualmente em desuso na língua portuguesa, referia-se inicialmente a uma espécie de barril com tampa, feito para transportar líquidos. E, por falar em líquido, diga-se de passagem, a Veraneio com seu motor de 6 cilindros consumia muita gasolina, líquido caro, escasso e em racionamento naquele tempo. Assim, seria muito bom ter um camburão para abastecer o camburão.

A noite paulistana era efervescente. Por aproximadamente seis meses a Barca navegou semanalmente na Dutra no seu famoso camburão, fazendo o trajeto Rio-São Paulo invariavelmente, uma viagem de de 10 a 12 horas, já que o carro, muitas vezes, quebrava. Até de mecânica os barqueiros começaram a entender.

Para custear as gravações do LP Pirata, no Estúdio Vice-Versa – um dos donos era o Luiz Carlos Sá, aquele da dupla Sá e Guarabira –, A Barca tocava na noite, de 23h as 4h, em bares como Lei Seca e Dama da Noite, dormia até meio-dia e gravava no estúdio de 15h as 21h, todos os dias. Mas o contrato que possibilitou a gravação foi no bar da moda, na época, chamado Victoria Pub, que ficava na Alameda Lorena, e havia sido inaugurado em maio de 1979, já que o dinheiro ganho de noite era gasto de tarde no estúdio de gravação.

Pelo Victoria Pub passavam personalidades como Sting, recém-chegado do Xingu, e o cacique Raoni, sim, este mesmo que subiu a rampa com Lula em 01/01/2023. No palco aconteciam shows de variedades, e no exíguo camarim ficavam juntos o oriental que fazia show de sombra chinesa, o domador com a macaca chimpanzé que fumava, tomava Coca-Cola e tocava maracas, a contorcionista – esta não tinha problemas de espaço no mínimo camarim – os seis integrantes da Barca do Sol e o mágico Rokan, "O Incrível". Sobre Rokan, David, Marcelo e Beto observaram os números do mágico toda noite, por 30 dias.

No último dia, os inocentes músicos falaram com Rokan que, após esse período, já tinham desvendado todos os truques de seu ilusionismo, com exceção do último, no qual o mágico batia uma sólida bengala no chão, lançava-a no ar, e ela descia suavemente transformada em um lenço de seda. Candidamente perguntam ao mágico o segredo deste número, e ele lhes responde: "- Vocês guardam segredo? - Sim. - Eu também!". O Victoria Pub existiu até 1996 e se manteve como um importante ponto durante a década de 1980, mas foi pouco a pouco perdendo a importância como palco para artistas.

Além do mais, naquela época já começava a despontar um movimento musical interessante, sobretudo para a música instrumental, que seria conhecido como Vanguarda Paulista. Mas não se deixe enganar pelo nome, nesse movimento havia gente de todo o Brasil, São Paulo era somente o centro geográfico. Para a Barca, porém, não havia limites de fronteiras, quer fossem elas territoriais ou musicais.

Capa de Pirata (1979). Arte de Jejo Cornelsen.

A capa do disco foi feita por um artista plástico chamado Jejo Cornelsen, de Curitiba. Trata-se de uma bonita obra de arte, para os dias de hoje seria também um excelente portfólio de tatuagem. A riqueza de elementos, a maior parte relacionada com os temas das músicas, e a qualidade dos traços são notáveis.

Lado A
1. Vô Mimbora pru sertão (Anônimo)
2. Tereza Bôca do Rio (Geraldo Carneiro/Nando Carneiro)
3. Mercado das Flores (Geraldo Carneiro/Muri Costa)
4. Cavalo Marinho (Cacaso/Nando Carneiro)
5. Jando (Jaques Morelenbaum/Nando Carneiro)

6. Jardim da Infância (Beto Rezende/Geraldo Carneiro/Nando Carneiro)

Lado B
1. Desencontro (João Carlos Pádua/Nando Carneiro)
2. Estrela (João Carlos Pádua/Nando Carneiro)
3. Manoel (Geraldo Carneiro/Muri Costa)
4. Rio Preto (Alain Pierre)
5. Canção pra Ela (Alain Pierre)

Dentre as canções que seguem a mesma tendência dos discos anteriores, "Cavalo Marinho" é sem dúvida um destaque. É possível ouvir várias versões de fãs cantando e tocando essa música no violão, no Youtube. Além da letra de Cacaso, "Cavalo Marinho" possui uma excelente parte de violão. Outra canção *sui generis* é "Jardim da Infância" – que já havia sido gravada em Corra o Risco –, é a primeira vez que Beto Rezende assina uma composição. Eu perguntei a ele como foi essa composição, e ele disse que surgiu de um estudo. Eu perguntei: "Um estudo do tipo estudos para violão?". Mas ele logo esclareceu: "Não, um estudo de harmonia. Um compositor popular, quando faz um estudo, pensa numa harmonia para a qual vai se escrever uma letra". Então, a parte que Beto fez é juntamente aquela onde acontece um longo vocalize. Realmente é muito mais que um estudo, é uma obra pronta.

Contracapa de Pirata (1979). Arte de Jejo Cornelsen.

Agora, é interessante observar também como nesse disco surge uma certa tendência para a música instrumental.

Mas ser pirata não era fácil naqueles dias. Levantar a verba para gravar o disco já exigiu o sacrifício de trabalhar semanalmente tocando na noite tendo de economizar praticamente todo o dinheiro. Mas esse não seria ainda o último percalço da edição do disco. Já ter gravado pela Continental, por ironia, não contribuiu em nada para as negociações, uma vez que o contrato de prensagem era completamente independente do contrato artístico anteriormente formado. Ademais esse já havia se encerrado havia muito tempo, e com ele qualquer tipo de vínculo comercial ou mesmo de conhecimento dentro da gravadora. O fato é que no dia de ir buscar o material, a tiragem dos discos prontos, Nando e Beto foram até a fábrica da Continental, na Av. do Estado, em São Paulo. Mais uma vez o impávido camburão serviu como meio de transporte. Ocorre que, ao efetuar o pagamento, com um cheque da Verão Produções Artísticas, a pessoa encarregada por esse trâmite recusou o pagamento. Por quê? Essas coisas que a gente, que não nasceu para burocracia, não entende. Mas, em resumo, para dizer em bom português, era porque não achavam o cheque "suficientemente bom". Sim, mas o cheque era bom, tinha fundos, claro!... mas, fazer o quê? Isso, fazer o quê? Criou-se um grande problema! Quem viveu naquela época sabe que o preço das coisas mudava quase diariamente, e se eles tivessem de esperar para ir ao banco, no Rio, sacar o dinheiro, havia um grande risco de o preço mudar. Sem contar com o perigo de andar com dinheiro vivo. Nesse momento ocorreu a Nando de telefonar para o pai, que tinha um amigo que trabalhava em um banco em São Paulo. Mais uma vez, Geraldo Carneiro salvou a Barca! O referido amigo estaria à espera na agência bancária e procederia a troca do cheque por um cheque administrativo, este, sim, "inquestionavelmente bom", seja lá o que for isso.

Mas depois do disco gravado, todo mundo estava de volta ao Rio, afinal, o porto da Barca era o Rio de Janeiro. Mas veja que era 1979, e era a despedida dos anos 1970. As ruas são as mesmas, a praia é a mesma, mas as coisas já estavam mudando. A Disco Music já havia invadido as ondas FM havia alguns anos, anunciando o *glamour* das festas das Discotecas no lugar da fogueira dos *hippies*. Não se usava mais chinela de couro, mas sandálias de salto com meia lurex. Na praia tudo parecia igual, e de certa forma ainda era. Mas, silenciosamente, e pouco a pouco, até os surfistas também foram mudando. Os *beach boys* dos anos 1970 cediam lugar ao "Menino do Rio" dos anos 1980. Quase que imperceptivelmente figuras icônicas da praia, como o vendedor que gritava "Winchester Cathedral", iriam desaparecer. Ele e alguns outros, que furtivamente vendiam maconha na praia, muito discretamente, agora não tinham mais espaço. Mas o interessante é que a gente não percebe a mudança, senão quando um novo mundo já se apresenta.

1980 – O som "quase" livre

Em 1º de janeiro de 1980, o calendário marcava indiscutivelmente que os anos 1970 haviam acabado, mas isso não se aplica exatamente da mesma maneira na vida real. Por mais que existam marcos temporais, e que esses de fato indiquem delimitações de períodos, sempre existe uma janela de transição. Assim, esse primeiro ano ainda não mostrava claramente ao que viria.

No contexto da Barca do Sol, tudo estava ainda meio suspenso. Quase rolou mais um disco! A gravadora Som Livre manifestou um certo interesse em que a Barca gravasse um disco em parceria com a Olivia. Sobreviveram algumas gravações desse projeto, que por fim não aconteceu. Quer dizer, a Olivia gravou o disco Anjo Vadio pela Som Livre, do qual consta inclusive a música "Nossa Senhora dos Aflitos", na qual a Barca ainda participa. Nesse momento o grupo, não mais um septeto, ainda existe. Mas já não houve mais shows a partir de então.

A contracultura da década de 1970, representada pelo movimento *hippie*, fixou um imaginário de paz, amor e vida comunitária. À medida que a década de 1980 se aproximava, houve uma desilusão crescente com o estilo de vida *hippie*. Em parte porque os sonhos de paz e amor não foram capazes de se concretizar efetivamente, e a vida comunitária não trouxe as mudanças sociais que aparente viriam. Em face disso propiciou a ascensão de um novo tipo de pensamento mais voltado ao individualismo, ao materialismo e ao sucesso profissional. Um novo grupo de jovens surgiu: os *yuppies*. Eles criaram um estilo de vida que priorizava o sucesso financeiro e os bens materiais. A proliferação desse perfil jovem distinguiu-os da geração *hippie*, que tinha uma relação crítica com a cultura do consumo.

Aquele verão brilhava em 1980 sóis! Era o início da esperança de um tempo novo, muitas coisas mudavam. Mas para mim o som era o mesmo, e isso pode até ser uma alusão a "The Song Remains the Same", do Led Zeppelin, pois era exatamente isso o que eu ouvia. Ainda fazíamos rodinhas para discutir música, nos reuníamos na casa de alguém para ouvir um disco que alguém havia comprado, tal como nos anos 1970. Ao mesmo tempo novos garotos de Ipanema ocupavam o espaço das rádios e nas areias. Os *hippies* sons de violões pouco a pouco iam sendo substituídos por sintetizadores, que antes eram apenas uma sonoridade nova, e tornaram-se o som do pop.

O sol não perdeu a sua força, a Barca não perdeu o seu rumo, apenas as coisas mudaram. Afinal, as coisas são assim! Os destemidos e sonhadores garotos se tornaram homens, aprenderam muito, gravaram discos como queriam. É como diz o hexagrama nº 59 do I Ching, O Desapego: "Desapego. Sucesso! O rei se aproxima do templo. É favorável atravessar o grande rio. A persistência no curso correto traz recompensas".

Hexagrama nº 59: O Desapego.

O comentário desse hexagrama diz ainda: "Quando se recupera essa visão desobstruída da humanidade, dissolvendo-se todo o mau humor irascível, desaparecem todos os motivos para arrependimento".[8] A Barca do Sol é uma entidade quase autossuficiente, cada componente é um ser único, e o grupo não é a soma de todos eles, são todos juntos.

8 BLOFELD. **O Livro das Transmutações**. 1968, p.200-201.

1981 - Em lugar de um epílogo

Da direita para a esquerda: Muri (com o violão), David, Beto (com a viola de 10 cordas), Nando, Marcelo, e à frente, Alain. (Foto de Julio Cesar Costa - 18/03/1981)

O sonho acabou, mas ninguém jamais disse isso. Claro, John Lennon disse. Mas depois disso muitos continuaram sonhando, ou pensando que sonhavam, tanto faz. Por isso na maioria das vezes as coisas simplesmente tenham se dissolvido e as pessoas tomado outros rumos sem mais explicações, sem grandes e eloquentes eventos anunciando que "o sonho acabou". É muito natural também que uma banda típica e fiel a todos os ideais dos anos 1970, arquetipicamente, não tenha resistido à entrada dos anos 1980, que veio com outra estética musical. E, no caso da Barca do Sol, isso se aplica ainda mais, visto que a Barca sempre se manteve arraigada aos próprios ideais mais do que ao próprio estilo da época. Todavia, não se pode atribuir necessariamente a isso o fato de A Barca ter sido atracada no porto invisível do tempo. O que ocorreu tem mais a ver com a proposta de vida de cada um, que começava a se tornar pouco a pouco um tanto mais individual. Então aos poucos os integrantes foram debandando. E veja que etimologicamente quer dizer sair do bando. Não houve desentendimento, impossibilidade de continuar, ou um fim decretado. Apenas os interesses tornaram-se outros.

Este é um livro sobre A Barca do Sol, mas é importante conhecer o contexto da época e da transição para os anos 1980, no sentido de entender por que manter o grupo se tornou inviável naquele momento, e consequentemente os integrantes acabaram por tomar outros rumos.

Até aqui toda a trajetória ao longo dos anos 1970 foi descrita por uma ótica interna, e bastante enviesada a partir de certas opções estéticas que são pertinentes ao grupo. Porém devemos lembrar que o cenário musical era extremamente múltiplo, mesmo naqueles dias sem internet e redes sociais. Mesmo na cidade do Rio de Janeiro, e talvez principalmente no Rio e em São Paulo, por serem metrópoles e grandes polos culturais, havia já naquela época uma multiplicidade de tribos urbanas. O mercado fonográfico, desde sempre, e por sua natureza óbvia, foi orientado por interesses econômicos. Nem é necessário sequer invocar Adorno como se faz frequentemente para criticar a indústria cultural. Entretanto, mais importante que isso é a relação de crítica e dependência que se estabelece entre a contracultura e essa indústria. Estou colocando aqui contracultura como uma espécie de termo guarda-chuva que abriga as diversas tendências críticas e contestadoras independentemente do gênero a que pertencem. Nesse caso isso se aplica desde as manifestações mais engajadas politicamente, como Chico Buarque, Gonzaguinha, até outras formas de contracultura radical, como o grupo Spectrum e seu disco Geração Bendita, de 1971.

No ano de 1967, o verão do amor, e no ano seguinte, no Brasil, Caetano e Gil gravam o disco Tropicália. Não muito distante geograficamente, em uma fazenda na região de Nova Friburgo, onde vivia a comunidade de *hippies Quiabo's*, reunia-se o pessoal do grupo Spectrum. Ainda mais perto do Rio de Janeiro, na Estrada dos Bandeirantes, no bairro de Vargem Pequena, havia uma chácara onde os Novos Baianos instalaram a sua comunidade *hippie*, por volta de 1969. Esses três constituem exemplos de contracultura. Cada um deles apresenta um grau maior de distanciamento com a indústria cultural, embora todos estejam ligados a essa forma de produção pelo disco, o qual constitui não somente um objeto, mas um símbolo de pertencimento artístico e cultural. Ainda que pesem todas as críticas feitas por Adorno e Walter Benjamin a respeito da reificação da obra de arte e massificação da cultura, a partir da gravação de Sgt. Pepper's Lonely Heart Club Band, dos Beatles.

Deve-se dizer que o disco deixa de ser somente uma forma de registro para se tornar ele mesmo a obra de arte. Além disso, no contexto social, era necessário ter um disco gravado para que um artista pudesse ganhar *status*. Somente com um disco gravado o artista nos anos 1970 poderia tocar nas rádios e ter um produto artístico apresentável. Antes disso seria um artista, é claro, mas faltaria reconhecimento. É como se ter um disco gravado fosse uma chancela. Além do mais, via de regra, um disco revelava sempre um material bem acabado – às vezes mais do que acontecia ao vivo, visto que algumas gravações contavam até mesmo com orquestras.

Então, como se pode notar, dentro de um mesmo segmento da contracultura existem mundos distintos. Hoje, transcorrido um século, parece muito fácil olhar para tudo isso e perceber essas nuances. Mas, enquanto as coisas aconteciam, era muito difícil perceber. Tropicália é referência internacional, e o grande público conhece os Novos Baianos. Já o Spectrum só foi ser mais conhecido nos anos 1990 com o lançamento de Geração Bendita, em formato de CD, e finalmente o lançamento do filme "É isso aí, bicho", em 2003. Durante os anos 1970, não era diferente. Isto é, Gil e Caetano faziam parte do circuito das grandes gravadoras, assim como os Novos Baianos também. Já o Spectrum sequer fazia parte dessa realidade.

Paralelamente a isso havia a MPB, que, embora se entrecruzasse com a contracultura, como no caso de Gil, Caetano, tinha uma relação muito menos próxima com a ideologia e o estilo de vida *hippie*.

O Clube da Esquina ficava a meio caminho, e talvez seja o que mais se aproxima da Barca do Sol, tanto em questão de sonoridade quanto em termos de comportamento. Não é à toa que o pessoal da Barca costumava frequentar os shows do Som Imaginário. Porém, uma vez mais é preciso ressaltar o fator cultural. Rio de Janeiro não é Belo Horizonte. Não estou fazendo juízo de valor, apenas fatos. São lugares diferentes, culturas diferentes, modos de vida diferentes – e muito distantes em tempos anteriores à Internet. Por isso, cultural e socialmente, as coisas se desenvolviam de maneira diferente, mas ao mesmo tempo confluentes, tanto que anos depois A Barca do Sol trabalhou com Milton Nascimento por mais de uma ocasião: a primeira, dividindo o palco no show com a participação do grupo chileno Água, e depois na trilha sonora da peça As Gralhas, de Bráulio Pedroso.

O rock, de certa forma era uma influência muito forte naquela época. Quer fosse em uma vertente mais *hard*, ou ainda o rock progressivo. Este último não raramente é associado à Barca do Sol, que curiosamente pouco tem das características mais predominantes desse gênero. Mas no Brasil tudo era muito indistinto, nesse sentido. Aliás, caracterizações por gêneros dizem muito pouco e serviam na maior parte das vezes apenas para catalogar discos em prateleira.

Evidentemente não é possível elencar aqui todas as tendências musicais da década de 1970, e nem mesmo é o meu objetivo. Os exemplos até agora citados são no sentido de mostrar a diversidade dentro daquilo que podemos considerar derivados de uma estética de contracultura. Todavia o lançamento do filme "Embalos de Sábado à Noite", em 1977, chama a atenção para outro tipo de manifestação cultural que passou a predominar mundialmente. Todo esse cenário é perfeitamente normal e acontece em todos os recortes históricos. Sempre existem oposições entre comportamentos e estilos, aqueles que são predominantes e os que correm à margem. Talvez a Disco Music, com seus frequentadores de clubes, como o Hipopotamus, tivesse um pouco mais a ver com o que seria a juventude dos anos 1980, que seria dominada pela New Wave e suas ramificações.

Quanto aos jovens cabeludos herdeiros do verão de 1967, iriam pouco a pouco desaparecendo do cenário das grandes cidades, ou se misturavam a outras tribos urbanas. Ainda seriam vistos em São Tomé das Letras, Jeriquaquara, Itatiaia, Lumiar, Visconde de Mauá, ou qualquer outro lugar isolado entre matas e cachoeiras.

Isso não quer dizer que a juventude não tivesse mais uma relação crítica com a sociedade industrial. Mas assim como os ideais *hippies* já haviam se dissolvido, também a música e as tendências de gosto haviam mudado. A Europa, mais precisamente a Inglaterra, viu no final dos anos 1970 os *punks* dominarem a cena com sua atitude de rebeldia em relação à falta de perspectivas. No rastro desse movimento surge a New Wave, que pode também ser encarada como uma resposta à desilusão com a sociedade industrial e as normas e valores que lhe estão associados. Durante o final da década de 1970 e início da década de 1980, muitos jovens estavam desiludidos com a percepção de conformidade, consumismo e materialismo da sociedade dominante. Mas esses jovens não sonhavam em ser *yuppies*, eles sabiam que isso era uma realidade muito diferente da vida medíocre e sem opções na qual eles viviam. Talvez os jovens norte-americanos pudessem ser esses tais yuppies, mas não eles, gente pobre, filhos de operários que viviam nas periferias.

O movimento New Wave incorporou um sentimento de rebelião contra o *status quo* que já vinha desde o movimento *punk*, rejeitando tanto a natureza como vida ideal quanto a sociedade comercial. Muitos artistas da New Wave incorporavam tecnologia, mesmo que essa fosse uma espécie de refugo do *mainstream*. Assim, o movimento New Wave acabou sendo uma resposta cultural à desilusão com a sociedade industrial e ao mesmo tempo ao que sobrou da inconformidade *hippie*, pois oferece uma saída criativa para os jovens expressarem a sua insatisfação com as normas culturais, sociais prevalecentes da época. Definitivamente esse não era mais o mundo dos *hippies* e daqueles jovens dos anos 1970.

Assim, cada um seguiu um caminho. Jaquinho já tinha partido para os EUA estudar, David seguiu o mesmo caminho, indo para a Berklee School of Music, Muri passou a tocar com Dorival Caymmi, e posteriormente dedicou-se ao samba. Nando, por sua vez, juntou-se a Egberto Gismonti – que fora mentor da Barca –, tendo participado de muitos discos e shows, assim como gravou seus próprios discos. Beto passou a dar aulas na Pró-Arte e tocou muito na noite carioca. Marcelo tornou-se um dos mais importantes músicos de estúdio, além de ter tocado por anos a fio com Lulu Santos, e em importantes temporadas com Caetano Veloso, Gilberto Gil e Maria Betânia. Alain dedicou-se à música antiga, tocando teorba e alaúde, e depois cursou o mestrado com uma dissertação sobre o violão de Baden Powell. Esses fatos são apenas alguns recortes, poucas informações ante o quanto cada um fez pós-Barca do Sol. Poderia acrescentar aqui o Quarteto Jobim-Morelenbaum, em que Jaquinho era integrante; o Arranco de Varsóvia, de Muri; os inúmeros discos que contam com a bateria/percussão de Marcelo, assim como a flauta e o sax de David, que também gravou seus discos solo. E tantas outras coisas de cada um, mas tudo isso já seriam outras histórias. O fato é que qualquer coisa que eles tenham feito carrega algo da Barca, e isso jamais muda.A Modern Sound ainda continuava em Copacabana vendendo seus discos, talvez com alguma sorte ainda se podia achar os discos da Barca na prateleira. Aliás desde os anos 1960 esse bairro já era extremamente povoado, e no decorrer dos anos 1970 havia cada vez mais os edifícios com apartamentos conjugados, quitinetes. Parece até curioso que exista o morro da "Babilônia", pois Copacabana é uma espécie de babilônia moderna.

1988 – O verão da lata (relançamentos)

Era agosto de 1987, 15 mil latas contendo *cannabis indica* foram lançadas do navio Solana Star em águas brasileiras. Essas míticas latas foram pouco a pouco chegando nas praias. Estima-se que só no Rio de Janeiro tenham aportado mais de 800 latas durante o verão de 1988, que ficou conhecido como "o verão da lata".Nesse mesmo ano o primeiro disco da Barca do Sol foi relançado, exatamente com a mesma masterização, mas sem o encarte com as letras. A importância desse relançamento foi da oportunidade para que uma nova geração ouvisse A Barca do Sol. Quase oito anos após o término oficial do grupo, o primeiro e o segundo LPs estavam de volta às prateleiras das lojas de disco, praticamente uma novidade, eram já outros tempos.

Nesse mesmo verão, após ir à praia em Ipanema – tendo ou não encontrado uma das lendárias latas –, você talvez iria até a Chaika comer alguma coisa. Eu me lembro de ter ido muitas vezes no fim da tarde. Era programa comum, embora um tanto quanto *hype* demais, na linguagem de hoje (termo, aliás, totalmente desconhecido naquela época). E hoje é coisa de gente de 20 anos, que não é nem de longe o meu caso). Mas eu desafio alguém que morava no Rio naquela época a negar que nunca foi ao Chaika.

Ipanema era certamente outra, em relação aos anos 1970. Não posso dizer como, porque não vivia ali naquele tempo, mas sentia a diferença na pele. Eu e meus pensamentos, memórias e imaginações de tudo o que ouvia na Barca do Sol, tudo não era senão uma impressão, pelo menos ali em Ipanema. Na areia, ouvia-se ecoar o chamado: "É o Dragão Chinês! É o Dragão Chinês!". Do outro lado vinha: "É o sorvete de Maria Theresa Weiss!". Pregões que faziam parte da paisagem sonora das praias da zona sul carioca. O primeiro era um picolé barato, daqueles aguados, que, à medida que vão derretendo, revelam a sua essência de água com um corante qualquer. Mas o preço era equivalente, então, não dá para reclamar. O segundo antecipava essa tal de "gourmetização". Era receita de Maria Thereza Weiss, uma culinarista que naqueles dias gozava de um certo prestígio. No meio desses dois extremos tinha de tudo um pouco; a praia de Ipanema sempre foi assim, um lugar que tem de tudo para todos. Digamos que, de certa forma, o gosto musical também comportava um pouco de tudo.

Os sons do disco de vinil, relançamento do primeiro disco da Barca, invadiam outros ares, talvez ainda em Santa Teresa, em seus casarões, nas repúblicas de alguns estudantes da UERJ, e Brasil a fora, nos toca-discos ávidos por sons de um tempo em que conviviam com o rock dos anos 1980. Mas tal como as latas, essa reedição se tornou lendária, pois não havia milhares, o relançamento do disco da Barca foi uma tiragem razoavelmente limitada. O que é certo, de qualquer maneira, é que era possível encontrar vez ou outra um exemplar perdido em meio a uma multidão de outros discos, ou apartado em um canto junto com o nicho de música instrumental e independente. Eu, assim como outras tantas pessoas que gravitavam em torno desse cenário musical, já o havíamos adquirido.

Eram os tempos do Jazzmania, do Circo Voador; em São Paulo era o Café Piu-Piu, o Teatro Lira Paulistana, o SESC Pompéia, dentre outros espaços. Brasil adentro existiam lugares semelhantes, alguns mais articulados, outros mais espontâneos. Mas todos faziam parte de um subproduto da cultura pop, em uma época em que predominava o chamado rock nacional.

É interessante observar que em 1983 estourou nas paradas de sucesso uma canção chamada "Menina Veneno", cantada por

Ritchie, o mesmo que havia entrado na Barca do Sol em 1975 para tocar flauta, e logo depois passou a integrar, junto com Lobão e Lulu Santos, o grupo de rock progressivo Vímana. Os tempos haviam definitivamente mudado, e a música também. Esse pessoal do Vímana estava, nos anos 1980, fazendo um som ligado ao *mainstream* das gravadoras. Estavam todos no circuito comercial. Ainda existia espaço para uma música que não fosse essa? Sim, e possivelmente mais do que nos anos 1970, mas de uma forma diferente.

Pouca coisa da década anterior sobreviveu, a maior parte dos músicos precisaram transformar muita coisa, cruzar o limiar desses 10 anos. Definitivamente a sonoridade da década de 1970 só seria redescoberta 20 anos depois!

Tudo que eu conto aqui sobre os anos 1970 não são minhas memórias, quer dizer, até fazem parte delas, mas, para mim, um garoto de 6 ou 7 anos, o mundo passava muito mais na tela da TV do que na vida real. Eu sonhava com a bicicleta voadora, em andar na camicleta![9] Sim, esse era o meu mundo. Depois que a gente cresce um pouco a diferença de idade vai aos poucos influindo cada vez menos, mas, àquela época, não.

Hoje, David e eu somos muito próximos em muitos sentidos. Fizemos o nosso doutorado na mesma época! Mas, em 1975, David tinha 17 anos, e eu, 6 anos. Não tem comparação possível, ele estava começando a tocar na Barca e eu via o mundo colorido na TV. Na hora do almoço tinha Mundo Animal, à tarde, Tarzan, Batman, Jornada nas Estrelas... ou qualquer outra coisa que meus olhos captavam maravilhados. A música vinha chegando na minha vida aos poucos, trazida pelo pessoal mais velho. Eram ecos

9 Uma caminhonete no estilo que atualmente se chama *rat truck*, ou seja, bem sucateada. Que conduzia os personagens principais em suas aventuras em busca de uma peça mágica, que faria possível uma bicicleta voar.

de músicas que eu ouvia meio escondido, e não sabia bem o que era ainda. A Barca do Sol ainda não existia para mim, viria muito tempo depois.

Eu ouvia o primeiro disco da Barca como se ele tivesse acabado de ser lançado, algo novo! Claro que eu tinha em perspectiva que ele era de 1974, mas para mim não fazia a mínima diferença, eu vivia em um mundo de música, e aquele era o som que me interessava. Mais ou menos ao mesmo tempo eu encontrei em uma loja o LP Corra o Risco, que eu notei que as músicas eram as mesmas da Barca do Sol, e que a própria Barca tocava no disco. Claro que eu comprei. Cheguei em casa e coloquei o disco para tocar, ouvi uma, duas, três, sei lá quantas vezes. Era muito bem gravado, talvez o som melhor que do primeiro disco da Barca;, e hoje eu sei o porquê, afinal, apesar de apenas alguns anos haverem se passado, as condições técnicas de gravação de Corra o Risco eram bem melhores, a mixagem era melhor, ainda que a masterização ainda deixasse a desejar. Mas, se faltava algo nesse sentido, não importava, afinal de contas a Barca estava ali. E era o rastro do verão da lata!

Um dia fui tomar um ônibus em direção ao Cosme Velho, no caminho parei no Largo do Machado para tomar um refresco. Havia ali, em uma, um cinema decadente que exibia reprises. Mas o que, de fato, chamou a minha atenção foi o cartaz de um filme àquela época ainda não lançado no Brasil (e que jamais seria exibido naquele cinema), chamado Lady Jane, the Queen of Nine Days. O filme narra a história de Lady Jane, que, como o título indica, reinou por nove dias a Inglaterra. Eu jurava que a canção Lady Jane havia sido inspirada nessa história, e somente muito tempo depois, fui saber que não havia nenhuma conexão.

Ouvi noites a fio A Barca do Sol, Corra o Risco, Musikantiga, Egberto Gismonti, Quando a Sorte te Solta um Cisne na Noite, de Marco Antônio Araújo, e outros tantos discos maravilhosos.

Aliás, depois fui saber que Marco Antônio Araújo foi aluno de cello de Jaquinho, se não me engano, o único aluno. Todos esses sons iam construindo o meu imaginário, de onde eles vinham? Eu criava um milhão de teorias, talvez isso tenha me levado para a faculdade de música, o desejo de entender aquelas músicas.

Série "Dois momentos" em CD, lançada pela Warner.

No final dos anos 1990 foi lançado um CD contendo os dois primeiros discos da Barca. Mas esses relançamentos em CD, que aparentemente eram uma nova luz para as gravações, anunciavam um futuro bem diferente. Àquela época a gravação por raio *laser*, como se dizia, prometia uma qualidade muito superior ao vinil, e acendeu muitas discussões se de fato isso era ou não verdade. E o veredito permaneceu igual ao antigo dilema entre válvula e transistor; ainda que pesem provas e estatísticas, o ouvido terá sempre a última palavra. E nesse caso o resultado é subjetivo, tanto que o século XXI testemunhou o ressurgimento do vinil, e os amplificadores a válvula jamais deixaram de existir. Mas no caso dos relançamentos em CD o disco original foi remasterizado por Charles Gavin como parte de uma coleção de CDs chamada "Dois Momentos".

No ano de 1993 a Continental foi comprada pela Warner Music Brasil, que herdou todas as gravações, o que possibilitou a existência dessa nova série editada em CDs. É discutível se o resultado foi melhor ou pior, e isso - assim como a discussão entre vinil e CD, ou válvula e transistor - vai ficar a cargo de cada um. Eu prefiro os originais e a versão no Spotify, que foi masterizada pelo Alain.

Se nos anos 1970 um disco era um feito na carreira de um artista - e mais, o disco era o produto final -, no final do século XX em diante o disco, quer seja em CD ou outro formato, foi perdendo gradativamente a sua importância.

Verão em 2014

Era um dia de primavera na Urca, mais precisamente dia 25 de novembro de 2014. Ali em frente à "Batcaverna" da Unirio, participantes do SIMPOM teimavam em invadir o espaço dos habituais frequentadores. Ali, David e eu nos encontramos, ambos participantes do simpósio, mas com caminhos que se cruzavam. Eu passava por entre as pessoas e quase por impulso disse: "Sabe, David, lembro de você na Barca do Sol!". E ele, da mesma maneira, disse: "Cara, você lembra disso? Dá cá um abraço!". Dali em diante, continuamos conversando. Não mais apenas sobre o passado, mas sobre o que fazíamos no momento. Pouco a pouco fomos nos tornando mais próximos. Acho que nem David e nem eu havíamos notado que nessa data a Barca do Sol havia lançado seu primeiro disco 40 anos atrás. Para ser mais exato, a data oficial é 2 de dezembro de 1974, no Teatro da Galeria, que foi o primeiro show oficial da Barca do Sol.

Ao olhar, já no século XXI, para o som da Barca, é possível perceber certas coisas que, se havia alguma sonoridade "latina", era completamente intuitiva. O contato com o Grupo Água somente acontece em 1977, quando A Barca já havia gravado o seu segundo disco. As referências que formaram grupos como Raíces de América e Tarancón definitivamente não faziam parte do mundo da Barca. Mesmo a música antiga, que de certa maneira veio por meio do Madrigal da Pró-Arte, não se pode dizer que foi algo que influenciou diretamente o grupo todo. Nando nunca fez parte desse madrigal, e a maior parte das composições é de sua autoria. Portanto, essas duas referências, se é que existem, são totalmente colaterais. Eu mesmo perguntei diretamente ao pessoal, e somente Jaquinho afirmou ter sido influenciado pelas músicas barroca e renascentista, já que ele tocava viola da gamba. Mas sobre a música latina, somente ao tocar com o Grupo Água ficou clara essa referência, segundo o próprio Nando relata em uma entrevista para um jornal, em 1978. Mas em minhas elocubrações, em meados dos anos 1980, eu tinha certeza de que havia alguma relação, principalmente, com as músicas medieval e renascentista.

Quarenta anos haviam se passado desde o lançamento do primeiro disco da Barca! Estávamos nós em outro mundo, restava-nos apenas a lembrança de que um dia houve esse grupo e que eu ouvia com grande paixão aquilo tudo. Depois ainda escrevi artigos sobre A Barca em revistas acadêmicas, mas sempre no passado. Afinal, algo que eu aprendi é que o tempo não volta. Como cada um havia tomado seu rumo, e, principalmente, o mundo estava bem diferente, jamais veríamos A Barca do Sol tocar novamente.

É impossível prever qualquer coisa. Sim, o tempo não volta e o mundo definitivamente é diferente, mas às vezes somos apresentados a janelas de possibilidades, são aquelas que aparecem por um tempo e não necessariamente (melhor dizendo, quase nunca) dependem da nossa vontade. Algo que na língua inglesa se chama *Serendipity*, e diz respeito a fatos positivos, mas casuais.

Aparentemente esse termo tem origem em um conto chamado "*The Three Princes of Serendip*", do escritor inglês Horace Walpole (1717-1797), em que os personagens faziam descobertas interessantes, mas acidentalmente. E às vezes acontecem coisas assim, do nada surgem oportunidades. E não somente oportunidades, porque elas podem surgir aos montes, mas tudo conflui para que as coisas se realizem positivamente. E foi o que aconteceu no ano de 2019.

Primavera de 2019

David me telefonou e perguntou: "Tá sentado? Então se prepara. Pintou uma oportunidade de A Barca fazer um show em São Paulo". E eu disse: "Tá, David... um monte de gente já tentou fazer isso, você sabe melhor que eu que isso não rola". Daí ele disse: "Cara, eu estou falando sério. Não é proposta, é concreto, faz parte de uma série do Sesc, é coisa firme". Depois de recuperado do susto eu perguntei: "Quando vai ser?".

A venda dos ingressos para o show no Sesc Belenzinho começou na manhã do dia 17 de setembro, e, por volta do meio-dia, quase todos os ingressos já estavam vendidos. A notícia de um show de reencontro da Barca pipocou entre os grupos das redes sociais, caravanas são formadas, tinha uma galera vindo de caminhão de Rio Preto! Nando postou: "O sonho não acabou, mas os ingressos vão acabar", e de fato todos foram rapidamente vendidos. "O teatro vai estar lotado!" Jaquinho, que acabara de voltar de uma turnê na Itália, estava no meio do trânsito acompanhando as mensagens, parou o carro para mandar um áudio: "Pessoal, vou repostar aqui uma mensagem do Frejat".

Foto no camarim antes do show. Da esquerda para a direita: David, Marcelo, Beto (sentado), Jaquinho, Nando (de chapéu), Alain, Muri, eu. (Acervo pessoal.)

Não eram ainda nem 19h quando eu adentrei ao auditório. Ouvia sons e vozes, mas ainda não tinha uma noção real de onde estava; cumprimentei rapidamente o David, que estava em cima do palco, e sentei-me em uma cadeira da primeira fila. Instantes depois começaram a tocar "A Primeira Batalha", todos ainda tentando sentir o som e ajustar o volume dos microfones. Eu, porém, estava olhando atento como que procurando entender onde eu estava! Fui aos poucos, à medida que a passagem de som corria, sendo levado para um lugar distante; algo entre aquele dia e 1974, um mundo de memórias, imagens, ideias e sonhos se misturava com aquilo que eu via na minha frente. Afinal de contas, não era o passado, mas finalmente A Barca do Sol reunida, em 2019. As músicas vinham, uma após a outra, os técnicos faziam o máximo para deixar o som perfeito. Inicialmente eu ouvia apenas o som que vinha do retorno de palco, mas quando veio o som do PA foi aquela porrada! Fiquei imaginando como deveriam ser os shows da Barca ao ar livre, mas isso não durou mais que um segundo, eu não perdia um lance do que estava acontecendo no palco. Zé Alexandre, o produtor, avisou: "Pessoal, temos apenas mais 10 minutos antes de encerrar a passagem de som", e, como de costume, todos da Barca começaram a decidir quais músicas deveriam ser prioridade. "A Língua e a Bainha"? "O Banquete"? "Ah, 'A Barca do Sol' tem de passar... sim, mas e antes dessa?". Depois de um breve consenso de que todas essas deveriam ir, sem perder tempo, começaram a tocar "O Banquete".

Foto da passagem de som no Sesc Belenzinho. (Foto de Yuri Behr)

Seis graus de separação (proximidade)

Existe essa prototeoria que se originou a partir de um estudo científico desenvolvido pelo psicólogo Stanley Milgran, a qual assevera que, no mundo, são necessários no máximo seis laços de amizade para que duas pessoas quaisquer estejam ligadas. Essa teoria tornou-se bastante difundida no início do século XXI por meio da, hoje extinta, rede de relacionamentos Orkut.

Em tempos de comunicação em rede digital, quaisquer que sejam elas, parece bastante provável que isso seja mais do que verdadeiro. A Internet, e principalmente as redes sociais, dá a falsa impressão de que todos se conhecem. Mas quando as pessoas saem de casa para assistir a um espetáculo elas, via de regra, não se conhecem umas às outras, salvo alguns pequenos grupos, na maioria casais. Mas, no dia 27 de setembro de 2019, notei um fenômeno diferente, que se não por seis graus de separação, muitos pontos de proximidade.

Na plateia, à minha frente, estava a família do Muri, um pouco mais adiante, a do Alain. Chico Brown, filho de Carlinhos Brown, neto de Chico Buarque, subia e descia a escada ao lado conversando com o pessoal. E assim pelo teatro, aonde quer que se percorresse, alguém conhecia outra pessoa. O mesmo continuava no *hall* de entrada, onde após o show todos nos reunimos. Ali estávamos, ainda atônitos pelo espetáculo, pela emoção! Trocávamos contatos, Bita e eu combinamos de continuar a conversa depois.

E A Barca é assim, nunca se curvou aos interesses. Atravessou tempestades e conquistou o seu lugar na história. Quando muitos achavam que o fim havia acontecido há muito tempo, foram surpreendidos na primavera de 2019, quando bravamente A Barca tocou “Botou prá Quebrar”! A Barca do Sol continua viva, como sempre, e pode voltar a tocar quando quiser. Assim é: A Barca faz o que quer, mas nada é realmente planejado, as coisas acontecem. Como aconteceu de um dia, longe na memória... de eu ouvir o disco ao sol de Ipanema, e muito tempo depois vir a contar esta história.

Foto de Paulo Rapopport do final do show de 2019.

Post-scriptum (2024)

O livro já estava pronto, estava programado para ser lançado em comemoração ao aniversário de 50 anos de lançamento do primeiro disco. Mas então Zé Alexandre novamente entra em ação. Na mesma série "Album" do Sesc, surge a oportunidade de fazer o show Corra o Risco. Como nada é fácil, toda a questão de negociação e produção demorou ainda alguns meses.

E está aqui um capítulo que resolvi chamar de "Post-Scriptum". Em primeiro lugar pelo motivo que já mencionei, mas também – e talvez mais importante – pelo fato de que 46 anos depois Corra o Risco seria realizado na sua íntegra junto com Jaquinho, que, em 1979, já estava no New England Conservatoire. Então, na história da Barca isso ainda não estava escrito.

Post Scriptum é uma locução em latim que significa literalmente "escrito depois", e normalmente era usada em cartas para indicar que aquele trecho foi escrito após o final. Cabe lembrar que isso vem de um tempo em que as cartas eram escritas à mão, e com tinta, portanto, sem possibilidade de apagar. Com o passar dos séculos, passou a significar algo mais prosaico, apenas "esqueci de dizer". Mas não é nesse sentido que coloco o *post-scriptum*, e sim em sua origem. Afinal, no tempo não se pode apagar as coisas. Então, tudo o que foi escrito está lá, mas o que vem depois pode e, normalmente, vai alterar o que já transcorreu. O que eu não imaginava, nem remotamente, é como seria.

O show foi marcado para os dias 23, 24 e 25 de agosto, ou seja, não é mais verão nem primavera. As estações do ano não estão mais em questão. E para aqueles que, além de observarem os ciclos da natureza, gostam de astrologia, mercúrio está retrógrado, não é exatamente um momento propício para realizações. No entanto, segundo o meu senso comum em astrologia... é também uma oportunidade para rever e reavaliar a maneira como você se comunica, e, também, propício para retrabalhar textos, ou seja, quer acreditemos nisso ou não, é o que está no mapa.

Alguns minutos antes das 21h, entramos todos. Um pouco curiosos, sem saber muito bem onde eram os assentos, mas com muita vontade de ver como seria. Dessa vez eu não acompanhei a passagem de som, portanto, eu não tinha a mínima ideia de como seria. E conhecia a *set list*, mas não sabia como iria soar. Por saber a sequência das músicas eu não fui surpreendido pela dinâmica do show, mas nada me preparou para a carga emocional que viria.

A primeira música foi "Hotel Colonial", seguida por "Durante o Verão". Duas canções do segundo disco da Barca. Se você fechasse os olhos teria a nítida impressão de que estava ouvindo o disco, ou mesmo que havia voltado no tempo e estava em um show há mais de 40 anos. Logo depois dessas músicas, a introdução anunciava "O Fantasma da Ópera", mas, ao contrário de cinco anos atrás, quando a Barca tocou essa mesma música, surgiu uma luz à direita do palco que iluminou a entrada de Olivia, que se encaminhou decididamente até o microfone em meio a aplausos e olhares atônitos.

Não irei descrever mais do que isso, porque no século XXI é desnecessário. E mesmo esses pueris adjetivos que usei, e não fazem justiça alguma ao que realmente aconteceu, são quase desnecessários. Tenho certeza de que, quando este livro estiver em mãos, o leitor poderá já ver e ouvir partes, ou mesmo o show na íntegra. Portanto, daqui em diante, a narrativa faz novamente uma curva.

É um tanto quanto prosaico qualquer tipo de comentário porque vai carregar um viés muito pessoal do momento. Mesmo assim deixo aqui algumas impressões, mais a título de informação, para que o leitor do futuro possa refletir acerca do contexto histórico.

Após o show havia uma multidão de pessoas à espera de Olivia e da Barca. Porque eu escrevo "de Olivia" e depois "da Barca"? Aqui se trata de uma questão de história, muito mais do que semântica. Na estrutura da frase qualquer um dos sujeitos pode vir à frente do outro, não há diferença. Mas o leitor deve se lembrar da querela sobre remover da capa do disco as palavras "participação da Barca do Sol". Portanto aqui se está, de uma vez por todas, dizendo que os dois artistas estão juntos.

Marcelo afirmou recentemente em uma entrevista que "Corra o Risco é um braço da Barca do Sol". E isso é totalmente verdade no meu entendimento, tanto que há aqui um capítulo sobre esse disco. Isso não quer dizer que seja um disco da Barca, não é. Definitivamente, não. O leitor pode até considerar, mas será apenas uma interpretação pessoal.

Corra o Risco é o primeiro disco de Olivia Byington. Mas é indiscutível que a Barca está presente no disco, ela toca a maioria das músicas, logo, ela participa. Então essa é outra coisa factual: participação da Barca do Sol.

E aquela gente ia se multiplicando! Surgiam discos, CDs, canetas e telefones. Todos queriam uma foto, um autógrafo. É lindo ver como as pessoas, assim como eu, esperaram 46 anos para ver isso. Quer dizer, esperar é uma construção bonita. Possível apenas agora. Na realidade ninguém imaginava que isso fosse se realizar. E eu acho que, ante alguma especulação, a melhor resposta teria sido - como se diz em espanhol - *Que sé yo?* Uma expressão que possui sentidos variados, entre os quais: "Vou lá eu saber?", ou até mesmo "Que sei eu da vida?". Nesse sentido quero destacar a relação com o texto de *Volver a los 17*, de Violeta Parra, que foi escolhida como *encore*. "Só o amor com sua ciência nos torna tão inocentes". Uma letra tão cheia de significados e imagens que dispensa comentários; cada um pode fazer as suas próprias associações, porque bem serve para a vida de todos nós seja lá qual for o caso. Mas ali, no meio daquele monte de gente, eu olhava... muitas coisas passavam pela minha cabeça. Claro, isso tudo é extremamente subjetivo, e até mesmo momentâneo.

Dia 24 de agosto, mesmo lugar. Cheguei e o Marcelo estava sentado na cafeteria com mais algumas pessoas, inclusive Bita, irmã de Nando e Geraldinho. Sentados ali, entre um café, água ou refrigerante, conversávamos. Chegou Geraldinho Carneiro – por força da narrativa deste livro, aprendi a chamá-lo assim, e também porque com ele mesmo aprendi que não se deve "enfeitar o pavão", por isso sem muita cerimônia, e com uma certa dose de ousadia, tomei essa liberdade. Ele sentou-se à mesa e integrou a conversa quem ora trazia memórias dos anos 1970, e outras vezes saltava para os tempos atuais. No correr dos assuntos eu tinha ideias e algumas lembranças. Era como se eu estivesse entre dois mundos: aquele que estava ali e outro em que eu tentava entender o que eu estava fazendo ali. Afinal, eu tinha consciência de que tudo estava se passando no transcorrer do tempo.

Entramos todos e tomamos nossos lugares. Quando a canção "A Barca do Sol" foi apresentada, Olivia juntou-se a Beto e Marcelo para tocar caxixi. Ao final da música, já de volta ao centro do palco, ela olhou em nossa direção e disse: "Esperei 50 anos para fazer isso! Geraldinho sabe disso!".

Cada um ali um viveu esse dia de maneira diferente, eu mesmo não poderia dizer – mesmo que tivesse a vida inteira ou a pretensão de escrever sete volumes. Por mais que o tempo tenha passado, a música, o texto, as pessoas, e tudo o que há em torno disso é parte de nós. Tudo se ressignifica. Também percebi isso ao ver Beto tocando. Na estreia eu disse: "Ficou bom o seu solo", e ele respondeu: "E amanhã vai ficar melhor ainda!". Ele, que teve uma carreira mais ligada ao ensino da música, estava ali, solando, após tantos anos. Ao final, cumprimentei a Olivia. E ela me disse: "Que bom ver você em tamanho natural" (quando nos falamos éramos apenas imagens virtuais).

Domingo, último show. Frio! Fazia 11° C na cidade de São Paulo, e uma garoa fina que fez lembrar o epíteto de "terra da garoa". Mesmo sendo o último dia, não seria menos, aliás, por isso mesmo há sempre algo de final. Encontrei Marcelo, como de costume, e depois, Nando, David e Jaquinho. Ficamos ali conversando um pouco. Depois peguei uma água e pensava em todos os outros dois dias. Nas músicas, nas pessoas, e coisas que iam e vinham. De repente lembrei que não fizemos nenhuma foto, como em 2019. Mandei uma mensagem para Olivia e perguntei se poderíamos fazer uma foto "oficial". Minutos depois ela me responde: "Você consegue chegar aqui?". Encontrei a Olivia no meio do caminho, e fomos até o camarim para junto da Barca tirar a nossa foto 2024. E agora, quem vai tirar? Olivia disse: "Vou chamar a Theodora, que é fotografa", e foi até a porta: "Filha, tira uma foto aqui!". Aí veio tarefa difícil: Fazer caber todo mundo no lugar "menos pior" de um camarim totalmente ocupado por objetos, já que nada tinha sido programado. Mudamos de posição uma, duas... algumas vezes. Theodora praticamente apoiou-se perigosamente em uma bancada, de uma maneira que só a juventude permite! E a foto é esta aí.

Da esquerda para a direita: Nando, Jaquinho, Beto, Muri, Marcelo, Olivia (à frente) Alain, David, e eu. (Foto de Theodora Duvivier)

O texto a seguir a Olivia me enviou por WhatsApp um pouco antes de tirarmos essa foto e disse: "Olha, tem um texto que eu inicialmente escrevi para enviar ao Sesc, vou te mandar, caso você queira incluir". E é o que está a seguir, *ipsis litteris*.

"Corra o Risco foi lançado no ano de 1978. A música 'Lady Jane' teve uma ascensão meteórica nas paradas de sucesso das rádios FM, e o show de lançamento no Teatro Ipanema recebia um público inesperado. Eu tinha 19 anos. No palco, A Barca do Sol com Nando Carneiro, autor de 'Lady Jane', os irmãos Muri Costa e Marcelo Costa, David Ganc, Alain Pierre, Beto Rezende e eu estreando, morta de pavor. Jaques Morelenbaum havia deixado o grupo meses antes, após a gravação do disco, para ir estudar nos Estados Unidos numa universidade de música. Não houve nem tentativa de substituir o violoncelo de Jaques e, apesar disso, o show foi um sucesso imenso.

A história do disco, para mim, começa com o encontro com Jaques Morelenbaum. Nos conhecemos numa festinha em Copacabana. Ele tocava piano e eu cantava 'Martha my dear'. Já não sei dizer bem como, mas formamos um conjunto que durou quase nada e se chamava Antena Coletiva. As relações eram voláteis e logo Jaquinho, num festival de verão em Curitiba, passou a integrar um grupo muito mais promissor formado por Marcelo e Muri Costa e pelo apaixonante menestrel Nando Carneiro. Marcelo tinha apenas 15 anos, quando já impressionava a plateia com seus cachos abundantes e um vigor assombroso atrás das tumbadoras, seu instrumento principal naquele tempo. Muri, seu irmão, compunha e dividia com Nando Carneiro os dedilhados e os vocais do trio. O que já era muito bom, ganhou o precioso e explosivo violoncelo de Jaques, além do talento de outros músicos que estiveram de passagem pelo conjunto que se chamava A Barca do Sol. Com o novo formato, Marcelo Bernardes na flauta, Beto Rezende na guitarra e Marcos Stul no contrabaixo, A Barca do Sol gravou seu primeiro disco com produção e participação de Egberto Gismonti pela Continental, em 1974.

Foi assim que eu perdi meu primeiro grupo, Antena Coletiva, mas ganhei o direito de me apaixonar por todos aqueles meninos e de frequentar os ensaios inesquecíveis da banda na casa de Dulce e Geraldo Carneiro, pais de Nando e do poeta Geraldinho Carneiro, autores de 'Lady Jane'.

No embalo dos ensaios da Barca, Geraldinho começou a namorar minha irmã Elisa Byington, passando a frequentar nossa casa em São Conrado, no Rio de Janeiro, onde acontece Corra o Risco, nossa primeira parceria. Naquele tempo eu estudava música na Pró-Arte, mas já trabalhava cantando *jingles* e participando de vocais em gravações profissionais. Eu conhecia de cor o repertório da Barca. Podia cantar as músicas de trás pra diante e em qualquer tom. Assim nasceu a ideia do disco.

O encontro com o grupo coeso, que funcionava como um bloco criativo, sem diretor, deu solidez e maturidade musical às gravações produzidas pelo Geraldinho. A Barca, que já navegava segura, longe da costa, generosamente abraçou o nosso projeto, e juntos criamos um disco que marcou nossas vidas e mexeu com muitas pessoas da nossa geração.

O convite para revivermos essa viagem musical me encheu de recordações e de vontade de reencontrar amigos queridos. A Barca do Sol, no seu jubileu, volta a acolher meus trinados para celebrarmos juntos essa vida comprida. '*Después de vivir un siglo*', como escreveu Violeta Parra, '*Volver a los diecisiete*'".

Se em 2019 abriu-se uma janela para os anos 1970, cinco anos depois seria diferente. Não somente porque a configuração do show era outra, mas principalmente porque foi um momento muito interessante de encontros. A voz na chamada imediatamente antes do início do show anunciava a proposta do programa "Album", algo como recriar a obra a partir dos seus criadores.

Acho muito interessante essa ideia. Mas, pensando depois, notei que na maior parte das vezes não é uma recriação o que acontece. Claro, em linhas gerais é isso mesmo: tocar o álbum tal como foi feito originalmente. Mas há muito mais do que isso, quer seja simplesmente porque muitos anos se passaram ou porque a recriação sempre acrescenta algo.

No caso de Corra o Risco, temos algo muito interessante: em 2024 foi a primeira vez que as músicas do disco foram tocadas com cello, tal como foram gravadas no disco. Isso porque, em 1979, Jaquinho havia partido para Boston antes mesmo do primeiro show. Portanto, nesse caso, é bem correto falar em recriação do disco, embora seja impossível reproduzir as dobras de flautas e vozes. Mas, de qualquer forma, sob o ponto de vista de arranjos, quase tudo o que está no disco foi feito no palco.

Mas nesses três dias do início da primavera de 2024 muitas coisas foram uma criação, tanto da música quanto da vida. Parafraseando o Gênesis, "Houve uma manhã e tarde"; isto é, o tempo fez a extensão espaço e as coisas foram criadas. Entre sexta-feira (dia 23) e domingo (dia 25), as coisas foram se transformando, acontecendo, criadas. As músicas eram as mesmas, os arranjos também, mas já o encontro entre as pessoas foi único.

Durante a música "Clarão", em 2024 (Foto de Beto Assem)

Passado algum tempo, tudo foi retomando o seu curso normal, as experiências e as memórias daqueles dias foram se sedimentando, e a vida diária assumindo seu lugar. Algumas coisas não se conectam de maneira direta, mas por sincronicidade.

Ocorre que acabei vindo a Salvador, lugar onde A Barca também tocou. Então percebo que de alguma maneira, nesse longo trajeto, talvez um caminho, foi sendo percorrido. Ao contar essas histórias, descrever lugares e memórias de um tempo, também outra história estava sendo vivida. Na verdade, como tudo está em movimento, as coisas vão sendo sempre reescritas. Não é um ciclo, mas um rizoma de pontos que se entrecruzam em tempos diferentes. Percebo que este só é um *post-scriptum* porque eu assim determinei; não há depois, há enquanto.

Cinquenta anos se passaram desde que a Barca do Sol foi criada, muitas coisas aconteceram. É certo que tudo muda enquanto vivemos, mas também é verdade que percebemos o tempo lentamente quando estamos envolvidos, parece que ele não passou jamais. E quando por fim nos damos conta, já não existe mais. E é assim, enquanto ouvirmos A Barca do Sol, permanecerá esse verão sem fim.

https://www.facebook.com/GryphusEditora/

twitter.com/gryphuseditora

www.bloggryphus.blogspot.com

www.gryphus.com.br

Este livro foi diagramado utilizando as fontes Minion Pro
e impresso pela Gráfica Eskenazi, em papel pólen bold 70 g/m²
e a capa em papel TP Ningbo 250 g/m².